En las orillas del Sar

En las orillas del Sar

Rosalía de Castro

EN LAS ORILLAS DEL SAR. ROSALÍA DE CASTRO.
Esmeralda Publishing LLC.

Antecedentes:
Este título fue publicado originalmente en 1884.

©2022, Esmeralda Publishing LLC.

Este libro no podrá reproducirse, transmitirse en forma alguna ni por ningún medio, ya sea electrónico o mecánico, incluso fotocopia, grabación o cualquier otro sistema de almacenamiento o recuperación, sin el consentimiento escrito del editor, salvo en los casos previstos por la legislación pertinente.

Para más información, visite nuestro sitio web:
www.esmeraldapublishing.com
Esmeralda Publishing y su logo son marcas registradas de Esmeralda Publishing LLC.

ISBN: 978-1-64800-044-7

Información de portada:

Santa Escolástica - Ícono bizantino

Diseño: Ariel Wajnerman

ORILLAS DEL SAR

I

A través del follaje perenne
que oír deja rumores extraños,
y entre un mar de ondulante verdura,
amorosa mansión de los pájaros,
desde mis ventanas veo
el templo que quise tanto.

El templo que tanto quise...
pues no sé decir ya si le quiero,
que en el rudo vaivén que sin tregua
se agitan mis pensamientos,
dudo si el rencor adusto
vive unido al amor en mi pecho.

II

Otra vez, tras la lucha que rinde
y la incertidumbre amarga
del viajero que errante no sabe
dónde dormirá mañana,
en sus lares primitivos
halla un breve descanso mi alma.

Algo tiene este blando reposo
de sombrío y de halagüeño,
cual lo tiene, en la noche callada,
de un ser amado el recuerdo,
que de negras traiciones y dichas
inmensas, nos habla a un tiempo.

Ya no lloro... y no obstante, agobiado
y afligido mi espíritu, apenas
de su cárcel estrecha y sombría
osa dejar las tinieblas
para bañarse en las ondas
de luz que el espacio llenan.

Cual si en suelo extranjero me hallase,
tímida y hosca, contemplo
desde lejos los bosques y alturas
y los floridos senderos
donde en cada rincón me aguardaba
la esperanza sonriendo.

III

Oigo el toque sonoro que entonces
a mi lecho a llamarme venía
con sus ecos que el alba anunciaban,
mientras, cual dulce caricia,
un rayo de sol dorado
alumbraba mi estancia tranquila.

Puro el aire, la luz sonrosada,
¡qué despertar tan dichoso!
Yo veía entre nubes de incienso,
visiones con alas de oro
que llevaban la venda celeste
de la fe sobre sus ojos...

Ese sol es el mismo, mas ellas
no acuden a mi conjuro;
y a través del espacio y las nubes,
y del agua en los limbos confusos,

y del aire en la azul transparencia,
¡ay!, ya en vano las llamo y las busco.

Blanca y desierta la vía
entre los frondosos setos
y los bosques y arroyos que bordan
sus orillas, con grato misterio
atraerme parece y brindarme
a que siga su línea sin término.

Bajemos, pues, que el camino
antiguo nos saldrá al paso,
aunque triste, escabroso y desierto,
y cual nosotros cambiado,
lleno aún de las blancas fantasmas
que en otro tiempo adoramos.

IV

Tras de inútil fatiga, que mis fuerzas agota,
caigo en la senda amiga, donde una fuente brota
siempre serena y pura,
y con mirada incierta, busco por la llanura
no sé qué sombra vana o qué esperanza muerta,
no sé qué flor tardía de virginal frescura
que no crece en la vía arenosa y desierta.

De la oscura *Trabanca* tras la espesa arboleda,
gallardamente arranca al pie de la vereda
La Torre y sus contornos cubiertos de follaje,
prestando a la mirada descanso en su ramaje
cuando de la ancha vega por vivo sol bañada
que las pupilas ciega,
atraviesa el espacio, gozosa y deslumbrada.

Como un eco perdido, como un amigo acento
que sueña cariñoso,
el familiar chirrido del carro perezoso
corre en alas del viento y llega hasta mi oído
cual en aquellos días hermosos y brillantes

en que las ansias mías eran quejas amantes,
eran dorados sueños y santas alegrías.

Ruge la *Presa* lejos... y, de las aves nido,
Fondons cerca descansa;
la cándida abubilla bebe en el agua mansa
donde un tiempo he creído de la esperanza hermosa
beber el néctar sano, y hoy bebiera anhelosa
las aguas del olvido, que es de la muerte hermano;
donde de los vencejos que vuelan en la altura,
la sombra se refleja;
y en cuya linfa pura, blanca, el nenúfar brilla
por entre la verdura de la frondosa orilla.

V

¡Cuán hermosa es tu vega, oh Padrón, oh Iria Flavia!
Mas el calor, la vida juvenil y la savia
que extraje de tu seno,
como el sediento niño el dulce jugo extrae
del pecho blanco y lleno,
de mi existencia oscura en el torrente amargo
pasaron, cual barrida por la inconstancia ciega,
una visión de armiño, una ilusión querida,
un suspiro de amor.

De tus suaves rumores la acorde consonancia,
ya para el alma yerta tornose bronca y dura
a impulsos del dolor;
secáronse tus flores de virginal fragancia;
perdió su azul tu cielo, el campo su frescura,
el alba su candor.

La nieve de los años, de la tristeza el hielo
constante, al alma niegan toda ilusión amada,
todo dulce consuelo.
Solo los desengaños preñados de temores,
y de la duda el frío,
avivan los dolores que siente el pecho mío,
y ahondando mi herida,

me destierran del cielo, donde las fuentes brotan
eternas de la vida.

VI

¡Oh tierra, antes y ahora, siempre fecunda y bella!
Viendo cuán triste brilla nuestra fatal estrella,
del Sar cabe la orilla,
al acabarme, siento la sed devoradora
y jamás apagada que ahoga el sentimiento,
y el hambre de justicia, que abate y que anonada
cuando nuestros clamores los arrebata el viento
de tempestad airada.

Ya en vano el tibio rayo de la naciente aurora
tras del *Miranda* altivo,
valles y cumbres dora con su resplandor vivo;
en vano llega mayo de sol y aromas lleno,
con su frente de niño de rosas coronada,
y con su luz serena:
en mi pecho ve juntos el odio y el cariño,
mezcla de gloria y pena,
mi sien por la corona del mártir agobiada
y para siempre frío y agotado mi seno.

VII

Ya que de la esperanza, para la vida mía,
triste y descolorido ha llegado el ocaso,
a mi morada oscura, desmantelada y fría,
tornemos paso a paso,
porque con su alegría no aumente mi amargura
la blanca luz del día.

Contenta el negro nido busca el ave agorera;
bien reposa la fiera en el antro escondido,
en su sepulcro el muerto, el triste en el olvido
y mi alma en su desierto.

II

Los unos altísimos,
los otros menores,
con su eterno verdor y frescura,
que inspira a las almas
agrestes canciones,
mientras gime al chocar con las aguas
la brisa marina de aromas salobres,
van en ondas subiendo hacia el cielo
los pinos del monte.

De la altura la bruma desciende
y envuelve las copas
perfumadas, sonoras y altivas
de aquellos gigantes
que el *Castro* coronan;
brilla en tanto a sus pies el arroyo
que alumbra risueña
la luz de la aurora,
y los cuervos sacuden sus alas,
lanzando graznidos
y huyendo la sombra.

El viajero, rendido y cansado,
que ve del camino la línea escabrosa
que aún le resta que andar, anhelara,
deteniéndose al pie de la loma,
de repente quedar convertido

en pájaro o fuente,
en árbol o en roca.

III

Era apacible el día
y templado el ambiente,
y llovía, llovía
callada y mansamente;
y mientras silenciosa
lloraba yo y gemía,
mi niño, tierna rosa,
durmiendo se moría.
Al huir de este mundo, ¡qué sosiego en su frente!
Al verle yo alejarse, ¡qué borrasca en la mía!

Tierra sobre el cadáver insepulto
antes que empiece a corromperse... ¡tierra!
Ya el hoyo se ha cubierto, sosegaos;
bien pronto en los terrones removidos
verde y pujante crecerá la hierba.

¿Qué andáis buscando en torno de las tumbas,
torvo el mirar, nublado el pensamiento?
¡No os ocupéis de lo que al polvo vuelve!
Jamás el que descansa en el sepulcro
ha de tornar a amaros ni a ofenderos.

¡Jamás! ¿Es verdad que todo
para siempre acabó ya?
No, no puede acabar lo que es eterno,
ni puede tener fin la inmensidad.

Tú te fuiste por siempre; mas mi alma
te espera aún con amoroso afán,
y vendrás o iré yo, bien de mi vida,
allí donde nos hemos de encontrar.

Algo ha quedado tuyo en mis entrañas
que no morirá jamás,
y que Dios, porque es justo y porque es bueno,
a desunir ya nunca volverá.
En el cielo, en la tierra, en lo insondable
yo te hallaré y me hallarás.
No, no puede acabar lo que es eterno,
ni puede tener fin la inmensidad.

—Mas... es verdad—, ha partido
para nunca más tornar.
Nada hay eterno para el hombre, huésped
de un día en este mundo terrenal
en donde nace, vive y al fin muere,
cual todo nace, vive y muere acá.

IV

Una luciérnaga entre el musgo brilla
y un astro en las alturas centellea;
abismo arriba, y en el fondo abismo;
¿qué es al fin lo que acaba y lo que queda?

En vano el pensamiento
indaga y busca en lo insondable, ¡oh ciencia!
Siempre, al llegar al término, ignoramos
qué es al fin lo que acaba y lo que queda.

Arrodillada ante la tosca imagen,
mi espíritu, abismado en lo infinito,
impía acaso, interrogando al cielo
y al infierno a la vez, tiemblo y vacilo.
¿Qué somos? ¿Qué es la muerte? La campana
con sus ecos responde a mis gemidos
desde la altura, y sin esfuerzo el llanto
baña ardiente mi rostro enflaquecido.
¡Qué horrible sufrimiento! ¡Tú tan solo
lo puedes ver y comprender, Dios mío!

¿Es verdad que lo ves? Señor, entonces,
piadoso y compasivo
vuelve a mis ojos la celeste venda
de la fe bienhechora que he perdido,
y no consientas, no, que cruce errante,
huérfano y sin arrimo,
acá abajo los yermos de la vida,
más allá las llanadas del vacío.

Sigue tocando a muerto, y siempre mudo
e impasible el divino
rostro del Redentor, deja que envuelto
en sombras quede el humillado espíritu.
Silencio siempre; únicamente el órgano
con sus acentos místicos
resuena allá de la desierta nave
bajo el arco sombrío.

Todo acabó quizás, menos mi pena,
puñal de doble filo;
todo, menos la duda que nos lanza
de un abismo de horror en otro abismo.

Desierto el mundo, despoblado el cielo,
enferma el alma y en el polvo hundido
el sacro altar en donde
se exhalaron fervientes mis suspiros,
en mil pedazos roto
mi Dios cayó al abismo,
y al buscarle anhelante, solo encuentro
la soledad inmensa del vacío.

De improviso los ángeles
desde sus altos nichos
de mármol, me miraron tristemente
y una voz dulce resonó en mi oído:
"Pobre alma, espera y llora
a los pies del Altísimo;
mas no olvides que al cielo
nunca ha llegado el insolente grito

de un corazón que de la vil materia
y del barro de Adán formó sus ídolos".

V

Adivínase el dulce y perfumado
calor primaveral;
los gérmenes se agitan en la tierra
con inquietud en su amoroso afán,
y cruzan por los aires, silenciosos,
átomos que se besan al pasar.

Hierve la sangre juvenil, se exalta
lleno de aliento el corazón, y audaz
el loco pensamiento sueña y cree
que el hombre es, cual los dioses, inmortal.
No importa que los sueños sean mentira,
ya que al cabo es verdad
que es venturoso el que soñando muere,
infeliz el que vive sin soñar.

¡Pero qué aprisa en este mundo triste
todas las cosas van!
¡Que las domina el vértigo creyérase!
La que ayer fue capullo, es rosa ya,
y pronto agostará rosas y plantas
el calor estival.

VI

Candente está la atmósfera;
explora el zorro la desierta vía;
insalubre se torna
del limpio arroyo el agua cristalina,
y el pino aguarda inmóvil
los besos inconstantes de la brisa.

Imponente silencio
agobia la campiña;
solo el zumbido del insecto se oye
en las extensas y húmedas umbrías,
monótono y constante
como el sordo estertor de la agonía.

Bien pudiera llamarse, en el estío,
la hora del mediodía,
noche en que al hombre, de luchar cansado,
más que nunca le irritan
de la materia la imponente fuerza
y del alma las ansias infinitas.

Volved, ¡oh, noches del invierno frío,
nuestras viejas amantes de otros días!
Tornad con vuestros hielos y crudezas
a refrescar la sangre enardecida
por el estío insoportable y triste...
¡Triste... lleno de pámpanos y espigas!
Frío y calor, otoño o primavera,
¿dónde... dónde se encuentra la alegría?
Hermosas son las estaciones todas
para el mortal que en sí guarda la dicha;
mas para el alma desolada y huérfana
no hay estación risueña ni propicia.

VII

Un manso río, una vereda estrecha,
un campo solitario y un pinar,
y el viejo puente rústico y sencillo
completando tan grata soledad.

¿Qué es soledad? Para llenar el mundo
basta a veces un solo pensamiento.
Por eso hoy, hartos de belleza, encuentras
el puente, el río y el pinar desiertos.

No son nube ni flor los que enamoran;
eres tú, corazón, triste o dichoso,
ya del dolor y del placer el árbitro,
quien seca el mar y hace habitar el polo.

VIII

—Detente un punto, pensamiento inquieto;
la victoria te espera,
el amor y la gloria te sonríen.
¿Nada de esto te halaga ni encadena?
—Dejadme solo y olvidado y libre;
quiero errante vagar en las tinieblas;
mi ilusión más querida
solo allí dulce y sin rubor me besa.

IX

Moría el sol, y las marchitas hojas
de los robles, a impulso de la brisa,
en silenciosos y revueltos giros
sobre el fango caían:
ellas, que tan hermosas y tan puras
en el abril vinieron a la vida.

Ya era el otoño caprichoso y bello.
¡Cuán bella y caprichosa es la alegría!
Pues en la tumba de las muertas hojas
vieron solo esperanzas y sonrisas.

Extinguiose la luz: llegó la noche
como la muerte y el dolor, sombría;
estalló el trueno, el río desbordose
arrastrando en sus aguas a las víctimas;
y murieron dichosas y contentas...
¡Cuán bella y caprichosa es la alegría!

X

Del rumor cadencioso de la onda
y el viento que muge;
del incierto reflejo que alumbra
la selva o la nube;
del piar de alguna ave de paso;
del agreste ignorado perfume
que el céfiro roba
al valle o a la cumbre,
mundos hay donde encuentran asilo
las almas que al peso
del mundo sucumben.

MARGARITA

I

¡Silencio, los lebreles
de la jauría maldita!
No despertéis a la implacable fiera
que duerme silenciosa en su guarida.
¿No veis que de sus garras
penden gloria y honor, reposo y dicha?

Prosiguieron aullando los lebreles...
—¡Los malos pensamientos homicidas!—
Y despertaron la temible fiera...
—¡La pasión que en el alma se adormía!—
Y ¡adiós! en un momento,
¡adiós gloria y honor, reposo y dicha!

II

Duerme el anciano padre, mientras ella
a la luz de la lámpara nocturna
contempla el noble y varonil semblante
que un pesado sueño abruma.

Bajo aquella triste frente
que los pesares anublan,
deben ir y venir torvas visiones,
negras hijas de la duda.

Ella tiembla... vacila y se estremece...
¿De miedo acaso, o de dolor y angustia?
Con expresión de lástima infinita,
no sé qué rezos murmura.
Plegaria acaso santa, acaso impía,
trémulo el labio a su pesar pronuncia,
mientras dentro del alma la conciencia
contra las pasiones lucha.

¡Batalla ruda y terrible
librada ante la víctima, que muda
duerme el sueño intranquilo de los tristes
a quien ha vuelto el rostro la fortuna!

Y él sigue en reposo, y ella,
que abandona la estancia, entre las brumas
de la noche se pierde, y torna al alba,
ajado el velo... en su mirar la angustia.

Carne, tentación, demonio,
¡oh!, ¿de cuál de vosotros es la culpa?
¡Silencio...! El día soñoliento asoma
por las lejanas alturas,
y el anciano despierto, ella risueña,
ambos su pena ocultan,
y fingen entregarse indiferentes
a las faenas de su vida oscura.

III

La culpada calló, mas habló el crimen...
Murió el anciano, y ella, la insensata,
siguió quemando incienso en su locura,
de la torpeza ante las negras aras,
hasta rodar en el profundo abismo,
fiel a su mal, de su dolor esclava.

¡Ah! Cuando amaba el bien, ¿cómo así pudo
hacer traición a su virtud sin mancha,
malgastar las riquezas de su espíritu,
vender su cuerpo, condenar su alma?

Es que en medio del vaso corrompido
donde su sed ardiente se apagaba,
de un amor inmortal los leves átomos,
sin mancharse, en la atmósfera flotaban.

XII

Sedientas las arenas, en la playa
sienten del sol los besos abrasados,
y no lejos, las ondas, siempre frescas,
ruedan pausadamente murmurando.
Pobres arenas, de mi suerte imagen:
no sé lo que me pasa al contemplaros,
pues como yo sufrís, secas y mudas,
el suplicio sin término de Tántalo.

Pero ¿quién sabe...? Acaso luzca un día
en que, salvando misteriosos límites,
avance el mar y hasta vosotras llegue
a apagar vuestra sed inextinguible.
¡Y quién sabe también si tras de tantos
siglos de ansias y anhelos imposibles,
saciará al fin su sed el alma ardiente
donde beben su amor los serafines!

LOS TRISTES

I

De la torpe ignorancia que confunde
lo mezquino y lo inmenso;
de la dura injusticia del más alto,
de la saña mortal de los pequeños,
¡no es posible que huyáis! cuando os conocen
y os buscan, como busca el zorro hambriento
a la indefensa tórtola en los campos;
y al querer esconderos
de sus cobardes iras, ya en el monte,
en la ciudad o en el retiro estrecho,
¡ahí va! –exclaman– ¡ahí va!, y allí os insultan
y señalan con íntimo contento
cual la mano implacable y vengativa
señala al triste y fugitivo reo.

II

Cayó por fin en la espumosa y turbia
recia corriente, y descendió al abismo
para no subir más a la serena
y tersa superficie. En lo más íntimo
del noble corazón ya lastimado,
resonó el golpe doloroso y frío
que ahogando la esperanza
hace abatir los ánimos altivos,

y plegando las alas torvo y mudo,
en densa niebla se envolvió su espíritu.

III

Vosotros, que lograsteis vuestros sueños,
¿qué entendéis de sus ansias malogradas?
Vosotros, que gozasteis y sufristeis,
¿qué comprendéis de sus eternas lágrimas?
Y vosotros, en fin, cuyos recuerdos
son como niebla que disipa el alba,
¡qué sabéis del que lleva de los suyos
la eterna pesadumbre sobre el alma!

IV

Cuando en la planta con afán cuidada
la fresca yema de un capullo asoma,
lentamente arrastrándose entre el césped,
le asalta el caracol y la devora.

Cuando de un alma atea,
en la profunda oscuridad medrosa
brilla un rayo de fe, viene la duda
y sobre él tiende su gigante sombra.

V

En cada fresco brote, en cada rosa erguida,
cien gotas de rocío brillan al sol que nace;
mas él ve que son lágrimas que derraman los tristes
al fecundar la tierra con su preciosa sangre.

Henchido está el ambiente de agradables aromas,
las aguas y los vientos cadenciosos murmuran;
mas él siente que rugen con sordo clamoreo
de sofocados gritos y de amenazas mudas.

¡No hay duda! De cien astros nuevos, la luz radiante
hasta las más recónditas profundidades llega;

mas sus hermosos rayos
jamás en torno suyo rompen la bruma espesa.

De la esperanza, ¿en dónde crece la flor ansiada?
Para él, en dondequiera al retoñar se agosta,
ya bajo las escarchas del egoísmo estéril,
o ya del desengaño a la menguada sombra.

¡Y en vano el mar extenso y las vegas fecundas,
los pájaros, las flores y los frutos que siembra!
Para el desheredado, solo hay bajo del cielo
esa quietud sombría que infunde la tristeza.

VI

Cada vez huye más de los vivos,
cada vez habla más con los muertos,
y es que cuando nos rinde el cansancio
propicio a la paz y al sueño,
el cuerpo tiende al reposo,
el alma tiende a lo eterno.

VII

Así como el lobo desciende a poblado,
si acaso en la sierra se ve perseguido,
huyendo del hombre que acosa a los tristes,
buscó entre las fieras el triste un asilo.

El sol calentaba su lóbrega cueva,
piadosa velaba su sueño la luna,
el árbol salvaje le daba sus frutos,
la fuente sus aguas de grata frescura.

Bien pronto los rayos del sol se nublaron,
la luna entre brumas veló su semblante,
secose la fuente, y el árbol negole,
al par que su sombra, sus frutos salvajes.

Dejando la sierra buscó en la llanura
de otro árbol el fruto, la luz de otro cielo;

y a un río profundo, de nombre ignorado,
pidiole aguas puras su labio sediento.

¡Ya en vano!, sin tregua siguiole la noche,
la sed que atormenta y el hambre que mata;
¡ya en vano!, que ni árbol, ni cielo, ni río,
le dieron su fruto, su luz, ni sus aguas.

Y en tanto el olvido, la duda y la muerte
agrandan las sombras que en torno le cercan,
allá en lontananza la luz de la vida,
hiriendo sus ojos feliz centellea.

Dichosos mortales a quien la fortuna
fue siempre propicia... ¡Silencio!, ¡silencio!,
si veis tantos seres que corren buscando
las negras corrientes del hondo Leteo.

LOS ROBLES

I

Allá en tiempos que fueron, y el alma
han llenado de santos recuerdos,
de mi tierra en los campos hermosos,
la riqueza del pobre era el fuego,
que al brillar de la choza en el fondo,
calentaba los rígidos miembros
por el frío y el hambre ateridos
del niño y del viejo.

De la hoguera sentados en torno,
en sus brazos la madre arrullaba
al infante robusto;
daba vuelta, afanosa la anciana
en sus dedos nudosos, al huso,
y al alegre fulgor de la llama,
ya la joven la harina cernía,
o ya desgranaba
con su mano callosa y pequeña,
del maíz las mazorcas doradas.

Y al amor del hogar calentándose
en invierno, la pobre familia
campesina, olvidaba la dura
condición de su suerte enemiga;
y el anciano y el niño, contentos
en su lecho de paja dormían,

como duerme el polluelo en su nido
cuando el ala materna le abriga.

II

Bajo el hacha implacable, ¡cuán presto
en tierra cayeron
encinas y robles!;
y a los rayos del alba risueña,
¡qué calva aparece
la cima del monte!

Los que ayer fueron bosques y selvas
de agreste espesura,
donde envueltas en dulce misterio
al rayar el día
flotaban las brumas,
y brotaba la fuente serena
entre flores y musgos oculta,
hoy son áridas lomas que ostentan
deformes y negras
sus hondas cisuras.

Ya no entonan en ellas los pájaros
sus canciones de amor, ni se juntan
cuando mayo alborea en la fronda
que quedó de sus robles desnuda.
Solo el viento al pasar trae el eco
del cuervo que grazna,
del lobo que aúlla.

III

Una mancha sombría y extensa
borda a trechos del monte la falda,
semejante a legión aguerrida
que acampase en la abrupta montaña
lanzando alaridos
de sorda amenaza.

Son pinares que al suelo, desnudo
de su antiguo ropaje, le prestan
con el suyo el adorno salvaje
que resiste del tiempo a la afrenta
y corona de eterna verdura
las ásperas breñas.

Árbol duro y altivo, que gustas
de escuchar el rumor del Océano
y gemir con la brisa marina
de la playa en el blanco desierto,
¡yo te amo!, y mi vista reposa
con placer en los tibios reflejos
que tu copa gallarda iluminan
cuando audaz se destaca en el cielo,
despidiendo la luz que agoniza,
saludando la estrella del véspero.

Pero tú, sacra encina del celta,
y tú, roble de ramas añosas,
sois más bellos con vuestro follaje
que si mayo las cumbres festona
salpicadas de fresco rocío
donde quiebra sus rayos la aurora,
y convierte los sotos profundos
en mansión de gloria.

Más tarde, en otoño,
cuando caen marchitas tus hojas,
¡oh, roble!, y con ellas
generoso los musgos alfombras,
¡qué hermoso está el campo;
la selva, qué hermosa!

Al recuerdo de aquellos rumores
que al morir el día
se levantan del bosque en la hondura
cuando pasa gimiendo la brisa
y remueve con húmedo soplo
tus hojas marchitas
mientras corre engrosado el arroyo

en su cauce de frescas orillas,
estremécese el alma pensando
dónde duermen las glorias querida
de este pueblo sufrido, que espera
silencioso en su lecho de espinas
que suene su hora
y llegue aquel día
en que venza con mano segura,
del mal que le oprime,
la fuerza homicida.

IV

Torna, roble, árbol patrio, a dar sombra
cariñosa a la escueta montaña
donde un tiempo la gaita guerrera
alentó de los nuestros las almas
y compás hizo al eco monótono
del canto materno,
del viento y del agua,
que en las noches del invierno al infante
en su cuna de mimbre arrullaban.
Que tan bello apareces, ¡oh, roble!
de este suelo en las cumbres gallardas
y en las suaves graciosas pendientes
donde umbrosas se extienden tus ramas,
como en rostro de pálida virgen
cabellera ondulante y dorada,
que en lluvia de rizos
acaricia la frente de nácar.

¡Torna presto a poblar nuestros bosques;
y que tornen contigo las hadas
que algún tiempo a tu sombra tejieron
del héroe gallego
las frescas guirnaldas!

XV

Alma que vas huyendo de ti misma,
¿qué buscas, insensata, en las demás?
Si secó en ti la fuente del consuelo,
secas todas las fuentes has de hallar.
¡Que hay en el cielo estrellas todavía,
y hay en la tierra flores perfumadas!
¡Sí!... Mas no son ya aquellas
que tú amaste y te amaron, desdichada.

XVI

Cuando recuerdo del ancho bosque
el mar dorado
de hojas marchitas que en el otoño
agita el viento con soplo blando,
tan honda angustia nubla mi alma,
turba mi pecho,
que me pregunto:
—¿Por qué tan terca,
tan fiel memoria me ha dado el cielo?

XVII

Del antiguo camino a lo largo,
ya un pinar, ya una fuente aparece,
que brotando en la peña musgosa
con estrépito al valle desciende,
y brillando del sol a los rayos
entre un mar de verdura se pierde,
dividiéndose en limpios arroyos
que dan vida a las flores silvestres
y en el Sar se confunden, el río
que cual niño que plácido duerme,
reflejando el azul de los cielos,
lento corre en la fronda a esconderse.

No lejos, en soto profundo de robles,
en donde el silencio sus alas extiende,
y da abrigo a los genios propicios,
a nuestras viviendas y asilos campestres,
siempre allí, cuando evoco mis sombras,
o las llamo, respóndenme y vienen.

XVIII

Ya duermen en su tumba las pasiones
el sueño de la nada;
¿es, pues, locura del doliente espíritu,
o gusano que llevo en mis entrañas?

Yo solo sé que es un placer que duele,
que es un dolor que atormentando halaga,
llama que de la vida se alimenta,
mas sin la cual la vida se apagara.

XIX

Creyó que era eterno tu reino en el alma,
y creyó tu esencia, esencia inmortal,
mas, si solo eres nube que pasa,
ilusiones que vienen y van,
rumores del onda que rueda y que muere
y nace de nuevo y vuelve a rodar,
todo es sueño y mentira en la tierra,
¡no existes, verdad!

XX

Ya siente que te extingues en su seno,
llama vital, que dabas
luz a su espíritu, a su cuerpo fuerzas,
juventud a su alma.

Ya tu calor no templará su sangre,
por el invierno helada,
ni harás latir su corazón, ya falto
de aliento y de esperanza.

Mudo, ciego, insensible,
sin goces ni tormentos,
será cual astro que apagado y solo,
perdido va por la extensión del cielo.

XXI

No subas tan alto, pensamiento loco,
que el que más alto sube más hondo cae,
ni puede el alma gozar del cielo
mientras que vive envuelta en la carne.

Por eso las grandes dichas de la tierra
tienen siempre por término grandes catástrofes.

XXII

¡Jamás lo olvidaré…! De asombro llena
al escucharlo, el alma refugiose
en sí misma y dudó…; pero al fin, cuando
la amarga realidad, desnuda y triste,
ante ella se abrió paso, en luto envuelta,
presenció silenciosa la catástrofe,
cual contempló Jerusalén sus muros
para siempre entre el polvo sepultados.

¡Profanación sin nombre! Dondequiera
que el alma humana, inteligente, rinde
culto a lo grande, a lo pasado culto,
esas selvas agrestes, esos bosques
seculares y hermosos, cuyo espeso
ramaje abrigo y cariñosa sombra
dieron a nuestros padres, fueron siempre
de predilecto amor, lugares santos
que todos respetaron.

¡No! En los viejos
robledales umbrosos, que hacen grata
la más yerma región, y de los siglos
guardan grabada la imborrable huella
que en ellos han dejado, ¡nunca!, ¡nunca!
con su acerado filo osada pudo
el hacha penetrar, ni con certero
y rudo golpe derribar en tierra,
cual en campo enemigo, el árbol fuerte
de larga historia y de nudosas ramas
que es orgullo del suelo que le cría
con savia vigorosa, y monumento
que en solo un día no levanta el hombre,
pues es obra que Dios al tiempo encarga

y a la madre inmortal naturaleza,
artista incomparable.

Y sin embargo...
¡nada allí quedó en pie! Los arrogantes
cedros de nuestro Líbano, los altos
gigantescos castaños, seculares,
regalo de los ojos; los robustos
y centenarios robles, cuyos troncos
de arrugas llenos, monstruos semejaban
de ceño adusto y de mirada torva
que hacen pensar en ignorados mundos;
las encinas vetustas, bajo cuyas
ramas vagaron en silencio tantos
tercos, impenitentes soñadores...
¡Todo por tierra y asolado todo!
Ya ni abrigo, ni sombra, ni frescura;
los pájaros huidos y espantados
al ver deshecha su morada; el viento
gimiendo desabrido, como gime
en las desiertas lomas donde solo
áridos riscos a su paso encuentra;
los narcisos y blancas margaritas
que apiñadas brillaban entre el musgo
cual brillan las estrellas en la altura;
los lirios perfumados, las violetas,
los miosotis, azules como el cielo
—y que, bordando la ribera undosa,
recordábanle al triste enamorado
que de las aguas se sentaba al borde
aquella dulce frase, ¡siempre inútil,
mas repetida siempre!: —No me olvides—,
todo marchito y sepultado todo
sin compasión bajo el terrible peso
de los ya inertes troncos. La corriente
mansa del Sar, entre sus ondas plácidas
arrastrando en silencio los despojos
del sagrado recinto, y de la dura
hacha los golpes resonando huecos,
cual suelen resonar los del martillo
al remachar de un ataúd los clavos...

Ya en el paraje agreste y escondido
que tanto hemos amado, ya en el bello
lugar en donde con afán las almas
buscaban un refugio, y en alegres
bandadas, al llegar la primavera,
en unión de los pájaros, las gentes,
de aire, de flores y de luz ansiosas,
iban a respirar vida y perfumes,
de sus galas más ricas despojado
hoy se levanta el monasterio antiguo
como triste esqueleto. Aquel tan grato
silencio misterioso que envolvía
los agrietados muros, a regiones
más dichosas quizás huyó ligero
en busca de un asilo. Las campanas
de eco vibrante y musical resuenan
de una manera sorda en el vacío
que sin piedad a su alrededor hicieron
manos extrañas, y el rumor monótono
de la fuente en el claustro solitario
parece sollozar por los jazmines,
que, cual la nieve blancos, las cornisas
musgosas adornaban, y parece
triste llamar por la aldeana hermosa
que lavaba sus lienzos en el agua
siempre brillante del pilón de piedra
que el roce de sus manos ha gastado
y hoy buscan de otra fuente la frescura.

¡Lo vieron y callaron... con silencio
que causaron asombro y que contrista el alma!
Si allá donde entre rosas y claveles
arrastra el Turia sus revueltas ondas,
nuestras manos talasen los jardines
que plantaron los suyos, y aman ellos,
su labio, al rostro, de desprecio llenas
una tras otra injuria nos lanzaran
—¡Bárbaros! —exclamando.

Y si dijésemos
que rosas y claveles perfumados

no valdrán nunca, pese a su hermosura,
lo que un campo de trigo, y allí en donde
las flores compitieran con las bellas,
arrastrando el arado, la amarilla
mies con afán sembráramos.

—Mezquinos
aun más que torpes son— prorrumpirían
los fieros hijos del jardín de España
con rudo enojo levantando el grito.

Mas nosotros, si talan nuestros bosques
que cuentan siglos... —¡quedan ya tan pocos!—
y ajena voluntad su imperio ejerce
en lo que es nuestro, cosas de la vida
nos parecen quizás vanas y fútiles
que a nadie ofenden ni a ninguno importan
si no es al que las hace, a soñadores
que solo entienden de llorar sin tregua
por los vivos y muertos... y aun acaso
por las hermosas selvas que sin duelo
indiferente el leñador destruye.

—Pero ¿qué...? —alguno exclamará indignado
al oír mis lamentos—. ¿Por ventura
la inmensa torre del reloj se ha hundido
y no hay ya quien señale nuestras horas
soñolientas y tardas, como el eco
bronco de su campana formidable;
o en mis haciendas penetrando acaso
osado criminal, ha puesto fuego
a las extensas eras? ¿Por qué gime
así importuna esa mujer?

Yo inclino
la frente al suelo y contristada exclamo
con el Mártir del Gólgota... perdónales,
Señor, porque no saben lo que dicen;
mas ¡oh, Señor! a consentir no vuelvas
que de la helada indiferencia el soplo
apague la protesta en nuestros labios,

que es el silencio hermano de la muerte
y yo no quiero que mi patria muera,
sino que como Lázaro, ¡Dios bueno!,
resucite a la vida que ha perdido;
y con voz alta que a la gloria llegue,
le diga al mundo que Galicia existe,
tan llena de valor cual tú la has hecho,
tan grande y tan feliz cuanto es hermosa.

XXIII

I

Unos con la calumnia le mancharon,
otros falsos amores le han mentido,
y aunque dudo si algunos le han querido,
de cierto sé que todos le olvidaron.

Solo sufrió, sin gloria ni esperanza,
cuanto puede sufrir un ser viviente;
¿por qué le preguntáis qué amores siente
y no qué odios alientan su venganza?

II

Si para que se llene y se desborde
el inmenso caudal de los agravios,
quieren que nunca hasta sus labios llegue
más que el duro y amargo
pan, que el mendigo con dolor recoge
y ablanda con su llanto,
sucumbirá por fin, como sucumben
los buenos y los bravos
cuando en batalla desigual les hiere
la mano del cobarde o del tirano.

Y ellos entonces vivirán dichosos
su victoria cantando,

como el cárabo canta en su agujero
y la rana en su charco.
Mas en tanto ellos cantan... —¡muchedumbre
que nace y muere en los paternos campos
siempre desconocida y siempre estéril!—
triste la patria seguirá llorando,
siempre oprimida y siempre
de la ruindad y la ignorancia pasto.

XXIV

En su cárcel de espinos y rosas
cantan y juegan mis pobres niños,
hermosos seres, desde la cuna
por la desgracia ya perseguidos.

En su cárcel se duermen soñando
cuán bello es el mundo cruel que no vieron,
cuán ancha la tierra, cuán hondos los mares,
cuán grande el espacio, qué breve su huerto.

Y le envidian las alas al pájaro
que traspone las cumbres y valles,
y le dicen: —¿Qué has visto allá lejos,
golondrina que cruzas los aires?

Y despiertan soñando, y dormidos
soñando se quedan
que ya son la nube flotante que pasa
o ya son el ave ligera que vuela
tan lejos, tan lejos del nido, cual ellos
de su cárcel ir lejos quisieran.

—¡Todos parten! —exclaman—. ¡Tan solo,
tan solo nosotros nos quedamos siempre!
¿Por qué quedar, madre, por qué no llevarnos
donde hay otro cielo, otro aire, otras gentes?

Yo, en tanto, bañados mis ojos, les miro
y guardo silencio, pensando: —En la tierra,
¿adónde llevaros, mis pobres cautivos,
que no hayan de ataros las mismas cadenas?
Del hombre, enemigo del hombre, no puede
libraros, mis ángeles, la egida materna.

XXV

Ya no mana la fuente, se agotó el manantial;
ya el viajero allí nunca va su sed a apagar.

Ya no brota la hierba, ni florece el narciso,
ni en los aires esparcen su fragancia los lirios.

Solo el cauce arenoso de la seca corriente
le recuerda al sediento el horror de la muerte.

¡Mas no importa!; a lo lejos otro arroyo murmura
donde humildes violetas el espacio perfuman.

Y de un sauce el ramaje, al mirarse en las ondas,
tiende en torno del agua su fresquísima sombra.

El sediento viajero que el camino atraviesa,
humedece los labios en la linfa serena
del arroyo que el árbol con sus ramas sombrea,
y dichoso se olvida de la fuente ya seca.

XXVI

Cenicientas las aguas, los desnudos
 árboles y los montes cenicientos;
parda la bruma que los vela y pardas
las nubes que atraviesan por el cielo;

triste, en la tierra, el color gris domina,
¡el color de los viejos!

De cuando en cuando de la lluvia el sordo
rumor suena, y el viento
al pasar por el bosque
silba o finge lamentos
tan extraños, tan hondos y dolientes
que parece que llaman por los muertos.

Seguido del mastín, que helado tiembla,
el labrador, envuelto
en su capa de juncos, cruza el monte;
el campo está desierto,
y tan solo en los charcos que negrean
del ancho prado entre el verdor intenso
posa el vuelo la blanca gaviota,
mientras graznan los cuervos.

Yo desde mi ventana,
que azotan los airados elementos,
regocijada y pensativa escucho
el discorde concierto
simpático a mi alma...
¡Oh, mi amigo el invierno!,
mil y mil veces bienvenido seas,
mi sombrío y adusto compañero.
¿No eres acaso el precursor dichoso
del tibio mayo y del abril risueño?
¡Ah, si el invierno triste de la vida,
como tú de las flores y los céfiros,
también precursor fuera de la hermosa
y eterna primavera de mis sueños...!

XXVII

I

Era la última noche,
la noche de las tristes despedidas,
y apenas si una lágrima empañaba
sus serenas pupilas.
Como el criado que deja
al amo que le hostiga,
arreglando su hatillo, murmuraba
casi con la emoción de la alegría:

—¡Llorar! ¿Por qué? Fortuna es que podamos
abandonar nuestras humildes tierras;
el duro pan que nos negó la patria,
por más que los extraños nos maltraten,
no ha de faltarnos en la patria ajena.

Y los hijos contentos se sonríen,
y la esposa, aunque triste, se consuela
con la firme esperanza
de que el que parte ha de volver por ella.
Pensar que han de partir, ese es el sueño
que da fuerza en su angustia a los que quedan;
cuánto en ti pueden padecer, oh, patria,
¡si ya tus hijos sin dolor te dejan!

II

Como a impulsos de lenta
enfermedad, hoy cien, y cien mañana,
hasta perder la cuenta,
racimo tras racimo se desgrana.

Palomas que la zorra y el milano
a ahuyentar van, del palomar nativo
parten con el afán del fugitivo,
y parten quizás en vano.

Pues al posar el fatigado vuelo
acaso en el confín de otra llanura,
ven agostarse el fruto que madura,
y el águila cerniéndose en el cielo.

¡VOLVED!

I

Bien sabe Dios que siempre me arrancan tristes lágrimas
aquellos que nos dejan,
pero aún más me lastiman y me llenan de luto
los que a volver se niegan.

¡Partid, y Dios os guíe!… pobres desheredados,
para quienes no hay sitio en la hostigada tierra;
partid llenos de aliento en pos de otro horizonte,
pero… volved más tarde al viejo hogar que os llama.

Jamás del extranjero el pobre cuerpo inerte,
como en la propia tierra en la ajena descansa.

II

Volved, que os aseguro
que al pie de cada arroyo y cada fuente
de linfa trasparente
donde se reflejó vuestro semblante,
y en cada viejo muro
que os prestó sombra cuando niños erais
y jugabais inquietos,
y que escuchó más tarde los secretos
del que ya adolescente
o mozo enamorado,
en el soto, en el monte y en el prado,

dondequiera que un día
os guio el pie ligero...
yo os lo digo y os juro
que hay genios misteriosos
que os llaman tan sentidos y amorosos
y con tan hondo y dolorido acento,
que hacen más triste el suspirar del viento
cuando en las noches del invierno duro
de vuestro hogar, que entristeció el ausente,
discurren por los ámbitos medrosos,
y en las eras sollozan silenciosos,
y van del monte al río
llenos de luto y siempre murmurando:
"¡Partieron...! ¿Hasta cuándo?
¡Qué soledad! ¿No volverán, Dios mío?".

Tornó la golondrina al viejo nido,
y al ver los muros y el hogar desierto,
preguntole a la brisa: —¿Es que se han muerto?
Y ella en silencio respondió: —¡Se han ido
como el barco perdido
que para siempre ha abandonado el puerto!

XXIX

Camino blanco, viejo camino,
desigual, pedregoso y estrecho,
donde el eco apacible resuena
del arroyo que pasa bullendo,
y en donde detiene su vuelo inconstante,
o el paso ligero,
de la fruta que brota en las zarzas
buscando el sabroso y agreste alimento,
el gorrión adusto,
los niños hambrientos,
las cabras montesas
y el perro sin dueño...
Blanca senda, camino olvidado,
¡bullicioso y alegre otro tiempo!,
del que solo y a pie de la vida
va andando su larga jornada, más bello
y agradable a los ojos pareces
cuanto más solitario y más yermo.
Que al cruzar por la ruta espaciosa
donde lucen sus trenes soberbios
los dichosos del mundo, descalzo,
sudoroso y de polvo cubierto,
¡qué extrañeza y profundo desvío
infunde en las almas el pobre viajero!

XXX

Aún parece que asoman, tras del Miranda altivo,
de mayo los albores, ¡y pasó ya setiembre!
Aún parece que torna la errante golondrina,
y en pos de otras regiones ya el raudo vuelo tiende.

Ayer flores y aromas, ayer canto de pájaros
y mares de verdura y de doradas mieses;
hoy nubes que sombrías hacia Occidente avanzan,
el brillo del relámpago y el eco del torrente.

Pasó, pasó el verano rápido, como pasa
un venturoso sueño del amor en la fiebre,
y ya secas las hojas en las ramas desnudas,
tiemblan descoloridas esperando la muerte.

¡Ah, cuando en esas noches tormentosas y largas
la luna brille a intervalos sobre la blanca nieve,
de cuántos, que dichosos ayer la contemplaron,
alumbrarán la tumba sus rayos transparentes!

XXXI

Cerrado capullo de pálidas tintas,
modesta hermosura de frente graciosa,
¿por quién has perdido la paz de tu alma?,
¿a quién regalaste la miel de tu boca?

A quien te detesta quizás, y le causan
enojo tus labios de cándido aroma,
porque busca la rosa encendida
que abre al sol de la tarde sus hojas.

XXXII

En sus ojos rasgados y azules,
donde brilla el candor de los ángeles,
ver creía la sombra siniestra
de todos los males.

En sus anchas y negras pupilas,
donde luz y tinieblas combaten,
ver creía el sereno y hermoso
resplandor de la dicha inefable.

Del amor espejismos traidores,
risueños, fugaces...
cuando vuestro fulgor sobrehumano
se disipa... ¡qué densas, qué grandes
son las sombras que envuelven las almas
a quienes con vuestros reflejos cegasteis!

XXXIII

Fue cielo de su espíritu, fue sueño de sus sueños,
y vida de su vida, y aliento de su aliento;
y fue, desde que rota cayó la venda al suelo,
algo que mata el alma y que envilece el cuerpo.

De la vida en la lucha perenne y fatigosa,
siempre el ansia incesante y el mismo anhelo siempre;
que no ha de tener término sino cuando, cerrados,
ya duerman nuestros ojos el sueño de la muerte.

XXXIV

—Te amo... ¿por qué me odias?
—Te odio... ¿por qué me amas?

Secreto es este el más triste
y misterioso del alma.

Mas ello es verdad... ¡Verdad
dura y atormentadora!
—Me odias, porque te amo;
te amo, porque me odias.

XXXV

Nada me importa, blanca o negra mariposa,
que dichas anunciándome o malhadadas nuevas,
en torno de mi lámpara o de mi frente en torno,
os agitéis inquietas.

La venturosa copa del placer para siempre
rota a mis pies está,
y en la del dolor llena... ¡llena hasta desbordarse!,
ni penas ni amarguras pueden caber ya más.

XXXVI

Muda la luna y como siempre pálida,
mientras recorre la azulada esfera
seguida de su séquito
de nubes y de estrellas,
rencorosa despierta en mi memoria
yo no sé qué fantasmas y quimeras.

Y con sus dulces misteriosos rayos
derrama en mis entrañas tanta hiel,
que pienso con placer que ella, la eterna,
ha de pasar también.

XXXVII

Nos dicen que se adoran la aurora y el crepúsculo,
mas entre el sol que nace y el que triste declina,
medió siempre el abismo que media entre la cuna
y el sepulcro en la vida.

Pero llegará un tiempo quizás, cuando los siglos
no se cuenten y el mundo por siempre haya pasado,
en el que nunca tornen tras de la noche el alba
ni se hunda entre las sombras del sol el tibio rayo.

Si de lo eterno entonces en el mar infinito
todo aquello que ha sido ha de vivir más tarde,
acaso alba y crepúsculo, si en lo inmenso se encuentran,
en uno se confundan para no separarse.

Para no separarse... ¡Ilusión bienhechora
de inmortal esperanza, cual las que el hombre inventa!
Mas ¿quién sabe si en tanto hacia su fin caminan,
como el hombre, los astros con ser eternos sueñan?

XXXVIII

Una sombra tristísima, indefinible y vaga
como lo incierto, siempre ante mis ojos va
tras de otra vaga sombra que sin cesar la huye,
corriendo sin cesar.
Ignoro su destino... mas no sé por qué temo
al ver su ansia mortal,
que ni han de parar nunca, ni encontrarse jamás.

LAS CANCIONES QUE OYÓ LA NIÑA

UNA

Tras de los limpios cristales
se agitaba la blanca cortina,
y adiviné que tu aliento
perfumado la movía.

Sola estabas en tu alcoba,
y detrás de la tela blanquísima
te ocultabas, ¡cruel!, a mis ojos...
mas mis ojos te veían.

Con cerrojos cerraste la puerta,
pero yo penetré en tu aposento
a través de las gruesas paredes,
cual penetran los espectros;
porque no hay para el alma cerrojos,
ángel de mis pensamientos.

Codicioso admiré tu hermosura,
y al sorprender los misterios
que a mis ojos velabas... ¡perdóname!,
te estreché contra mi seno.

Mas... me ahogaba el aroma purísimo
que exhalabas de tu pecho,
y hube de soltar mi presa
lleno de remordimiento.

Te seguiré adonde vayas,
aunque te vayas muy lejos,
y en vano echarás cerrojos
para guardar tus secretos;
porque no impedirá que mi espíritu
pueda llegar hasta ellos.

Pero... ya no me temas, bien mío,
que, aunque sorprenda tu sueño,
y aunque en tanto estés dormida
a tu lado me tienda en tu lecho,
contemplaré tu semblante,
mas no tocaré tu cuerpo,
pues lo impide el aroma purísimo
que se exhala de tu seno.
Y como ahuyenta la aurora
los vapores soñolientos
de la noche callada y sombría,
así ahuyenta mis malos deseos.

OTRA

Hoy uno y otro mañana,
rodando, rodando el mundo,
si cual te amé no amaste todavía,
al fin ha de llegar el amor tuyo.

¡Y yo no quiero que llegue...
ni que ames nunca, cual te amé, a ninguno;
antes que te abras de otro sol al rayo,
véate yo secar, fresco capullo!

LA CANCIÓN QUE OYÓ EN SUEÑOS EL VIEJO

A la luz de esa aurora primaveral, tu pecho
vuelve a agitarse ansioso de glorias y de amor.
¡Loco...!, corre a esconderte en el asilo oscuro
donde ya no penetra la viva luz del sol.

Aquí tu sangre torna a circular activa,
y tus pasiones tornan a rejuvenecer...
huye hacia el antro en donde aguarda resignada
por la infalible muerte la implacable vejez.

Sonrisa en labio enjuto, hiela y repele a un tiempo;
flores sobre un cadáver causan al alma espanto;
ni flores, ni sonrisas, ni sol de primavera
busques cuando tu vida llegó triste a su ocaso.

XLI

I

Su ciega y loca fantasía corrió arrastrada por el vértigo,
tal como arrastra las arenas el huracán en el desierto.

Y cual halcón que cae herido en la laguna pestilente,
cayó en el cieno de la vida, rotas las alas para siempre.

Mas aun sin alas cree o sueña que cruza el aire, los espacios,
y aun entre el lodo se ve limpio, cual de la nieve el copo blanco.

II

No maldigáis del que, ya ebrio, corre a beber con nuevo afán;
su eterna sed es quien le lleva hacia la fuente abrasadora,
cuanto más bebe, a beber más.

No murmuréis del que rendido ya bajo el peso de la vida
quiere vivir y aun quiere amar;
la sed del beodo es insaciable, y la del alma lo es aún más.

III

Cuando todos los velos se han descorrido
y ya no hay nada oculto para los ojos,
ni ninguna hermosura nos causa antojos,

ni recordar sabemos que hemos querido,
aún en lo más profundo del pecho helado,
como entre las cenizas la chispa ardiente,
con sus puras sonrisas de adolescente,
vive oculto el fantasma del bien soñado.

XLII

En el alma llevaba un pensamiento,
una duda, un pesar,
tan grandes como el ancho firmamento
tan hondos como el mar.

De su alma en lo más árido y profundo,
fresca brotó de súbito una rosa,
como brota una fuente en el desierto,
o un lirio entre las grietas de una roca.

XLIII

Cuando en las nubes hay tormenta
suele también haberla en su pecho;
mas nunca hay calma en él, aun cuando
la calma reine en tierra y cielo;
porque es entonces cuando torvos
cual nunca riñen sus pensamientos.

XLIV

Desbórdanse los ríos si engrosan su corriente
los múltiples arroyos que de los montes bajan;
y cuando de las penas el caudal abundoso
se aumenta con los males perennes y las ansias,

¿cómo contener, cómo, en el labio la queja?,
¿cómo no desbordarse la cólera en el alma?

XLV

Busca y anhela el sosiego...
mas... ¿quién le sosegará?
Con lo que sueña despierto,
dormido vuelve a soñar;
que hoy, como ayer y mañana
cual hoy en su eterno afán
de hallar el bien que ambiciona
—cuando solo encuentra el mal—
siempre a soñar condenado,
nunca puede sosegar.

XLVI

¡Aturde la confusa gritería
que se levanta entre la turba inmensa!
Ya no saben qué quieren ni qué piden;
mas embriagados de soberbia, buscan
un ídolo o una víctima a quien hieran.

Brutales son sus iras,
y aun quizás más brutales sus amores;
no provoquéis al monstruo de cien brazos,
como la ciega tempestad terrible,
ya ardiente os ame o fríamente os odie.

XLVII

Cuando sopla el Norte duro
y arde en el hogar el fuego,

y ellos pasan por mi puerta
flacos, desnudos y hambrientos,
el frío hiela mi espíritu,
como debe helar su cuerpo,
y mi corazón se queda,
al verles ir sin consuelo,
cual ellos, opreso y triste,
desconsolado cual ellos.

Era niño y ya perdiera
la costumbre de llorar;
la miseria seca el alma
y los ojos además;
era niño y parecía
por sus hechos viejo ya.

Experiencia del mendigo,
era precoz como el mal,
implacable como el odio,
dura como la verdad.

XLVIII

De la vida entre el múltiple conjunto de los seres,
no, no busquéis la imagen de la eterna belleza,
ni en el contento y harto seno de los placeres,
ni del dolor acerbo en la dura aspereza.

Ya es átomo impalpable o inmensidad que asombra,
aspiración celeste, revelación callada;
la comprende el espíritu y el labio no la nombra,
y en sus hondos abismos la mente se anonada.

XLIX

I

Quisiera, hermosa mía,
a quien aun más que a Dios amo y venero,
ciego creer que este tu amor primero,
ser por mi dicha el último podría.
Mas...
—¡Qué! ¡Gran Dios, lo duda todavía!

—¡Oh!, virgen candorosa,
¿por qué no he de dudarlo al ver que muero
si aun viviendo también lo dudaría?

—Tu sospecha me ofende,
y tanto me lastima y me sorprende
oírla de tu labio,
que pienso llegaría
a matarme lo injusto del agravio.

—¡A matarla! ¡La hermosa criatura
que apenas cuenta quince primaveras...!
¡Nunca...! ¡Vive, mi santa, y no te mueras!

—Mi corazón de asombro y dolor llenos.

—¡Ah!, siento más tus penas que mis penas.

—¿Por qué, pues, me hablas de morir?
—¡Dios mío!
¿Por qué ya del sepulcro el viento frío
lleva mi nave al ignorado puerto?

—¡No puede ser...! Mas oye: ¡vivo o muerto,
tú solo y para siempre...! Te lo juro.

—No hay por qué jurar; mas si tan bello
sueño al fin se cumpliera, sin enojos
cerrando en paz los fatigados ojos,

fuera a esperarte a mi sepulcro oscuro.
Pero… es tan inconstante y tan liviano
el flaco y débil corazón humano,
que lo pienso, alma mía, y te lo digo,
serás feliz más tarde o más temprano.

Y en tanto ella llorando protestaba,
y él sonriendo, irónico y sombrío,
en sus amantes brazos la estrechaba,

cantaba un grillo en el vecino muro,
y cual mudo testigo,
la luna, que en el cielo se elevaba,
sobre ambos reflejaba
su fulgor siempre casto y siempre amigo.

II

De polvo y fango nacidos,
fango y polvo nos tornamos:
¿por qué, pues, tanto luchamos
si hemos de caer vencidos?

Cuando esto piensa humilde y temerosa,
como tiembla la rosa
del viento al soplo airado,
tiembla y busca el rincón más ignorado
para morir en paz si no dichosa.

III

Los astros son innúmeros, al cielo
no se le encuentra fin,
y este pequeño mundo que habitamos,
y que parece un punto en el espacio,
inmenso es para mí.

Después… tantos y tantos
cual las arenas del profundo mar,
seres que nacen a la vida, y seres

que sin parar su rápida carrera,
incierta siempre, vienen o se van.

Que se van o se mueren, esta duda
es en verdad cruel;
pero ello es que nos vamos o nos dejan,
sin saber si después de separarnos
volveremos a hallamos otra vez.

IV

Y como todo al cabo
tarde o temprano en este mundo pasa,
lo que al principio eterno parecía,
dio término a la larga.

¿Le mataron acaso, o es que se ha muerto
de suyo aquello que quedará aún vivo?
Imposible es saberlo, como nadie
sabe al quedar dormido,
en qué momento ha aprisionado el sueño
sus despiertos sentidos.

V

¡Que cuándo le ha olvidado!
¿Quién lo recuerda en la mudable vida,
ni puede asegurar si es que la herida
del viejo amor con otro se ha curado?

¡Transcurrió el tiempo! —inevitable era
que transcurriese—, y otro amante vino
a hacerse cauteloso su camino
por donde el muerto amante ya lo hiciera.

VI

De pronto el corazón con ansia extrema,
mezclada a un tiempo de placer y espanto,
latió, mientras su labio murmuraba:
—¡No, los muertos no vuelven de sus antros...!

Él era y no era él, mas su recuerdo,
dormido en lo profundo
del alma, despertose con violencia
rencoroso y adusto.

—No soy yo, ¡pero soy! —murmuró el viento—,
y vuelvo, amada mía,
desde la eternidad para dejarte
ver otra vez mi incrédula sonrisa.

—¡Aún has de ser feliz! —te dije un tiempo,
cuando me hallaba al borde de la tumba—.
Aún has de amar; y tú, con fiero enojo,
me respondiste: —¡Nunca!

—¡Ah!, ¿del mudable corazón has visto
los recónditos pliegues?—,
volví a decirte; y tú, llorando a mares,
repetiste: —Tú solo, y para siempre.

Después, era una noche como aquellas,
y un rayo de la luna, el mismo acaso
que a ti y a mí nos alumbró importuno,
os alumbraba a entrambos.

Cantaba un grillo en el vecino muro,
y todo era silencio en la campiña;
¿no te acuerdas, mujer? Yo vine entonces,
sombra, remordimiento o pesadilla.

Mas tú, engañada recordando al muerto,
pero también del vivo enamorada,
te olvidaste del cielo y de la tierra
y condenaste el alma.

Una vez, una sola,
aterrada volviste de ti misma,
como para sentir mejor la muerte
de la sima al caer vuelve la víctima.

Y aun entonces, ¡extraño cuanto horrible
reflejo del pasado!
El abrazo convulso de tu amante
te recordó, mujer, nuestros abrazos.

¡Aún has de ser feliz! —te dije un tiempo
y me engañé; no puede
serlo quien lleva la traición por guía,
y a su sombra mortífera se duerme.

—¡Aún has de amar! —te repetí, y amaste,
y protector asilo
diste, desventurada, a una serpiente
en aquel corazón que fuera mío.

Emponzoñada estás, odios y penas
te acosan y persiguen,
y yo casi con lástima contemplo
tu pecado y tu mancha irredimibles.

¡Mas, vengativo, al cabo yo te amaba
ardientemente, yo te amo todavía!
Vuelvo para dejarte
ver otra vez mi incrédula sonrisa.

L

I

En mi pequeño huerto
brilla la sonrosada margarita,
tan fecunda y humilde,
como agreste y sencilla.

Ella borda primores en el césped,
y finge maravillas
entre el fresco verdor de las praderas
do proyectan sus sombras las encinas,

y a orillas de la fuente y del arroyo
que recorre en silencio las umbrías.

Y aun cuando el pie la huella, ella revive
y vuelve a levantarse siempre limpia,
a semejanza de las almas blancas
que en vano quiere ennegrecer la envidia.

II

Cuando llega diciembre y las lluvias abundan,
ellas con las acacias tornan a florecer,
tan puras y tan frescas y tan llenas de aroma
como aquellas que un tiempo con fervor adoré.

¡Loca ilusión la mía es en verdad, bien loca
cuando mi propia mano honda tumba les dio!
Y ya no son aquellas en cuyas hojas pálidas
deposité mis besos... ni yo la misma soy.

LI

Todas las campanas con eco pausado
doblaron a muerto:
las de la basílica, las de las iglesias,
las de los conventos.
Desde el alba hasta entrada la noche
no cesó el funeral clamoreo.
¡Qué pompa! ¡Qué lujo!
¡Qué fausto! ¡Qué entierro!

***

Pero no hubo ni adioses ni lágrimas,
ni suspiros en torno del féretro...
¡Grandes voces sí que hubo! Y cantáronle,
cuando le enterraron, un requiem soberbio.

LII

Siente unas lástimas,
¡pero qué lástimas!
Y tan extrañas y hondas ternuras...
¡pero qué extrañas!

Llora a mares por ellos,
les viste la mortaja

y les hace las honras...
después de que los mata.

LIII

De la noche en el vago silencio,
cuando duermen o sueñan las flores,
mientras ella despierta, combate
contra el fuego de ocultas pasiones,
y de su ángel guardián el auxilio
implora invocando piadosa su nombre,
el de ayer, el de hoy, el de siempre,
fiel amigo del alma,
Mefistófeles,
en los hilos oculto del lino
finísimo y blanco cual copo de espuma,
en donde ella aún más blanca reclina
la cabeza rubia,
así astuto y sagaz, al oído
de la hermosa en silencio murmura:

"Goza aquel de la vida, y se ríe
y peca sin miedo del hoy y el mañana,
mientras tú con ayunos y rezos
y negros terrores tus horas amargas.
"Si del hombre la vida en la tumba
¡oh, bella!, se acaba,
¡qué profundo y cruel desengaño,
qué chanza pesada
te juega la suerte,
le espera a tu alma!".

LIV

A la sombra te sientas de las desnudas rocas,
y en el rincón te ocultas donde zumba el insecto,

y allí donde las aguas estancadas dormitan
y no hay hermanos seres que interrumpan tus sueños,
¡quién supiera en qué piensas, amor de mis amores,
cuando con leve paso y contenido aliento,
temblando a que percibas mi agitación extrema,
allí donde te escondes, ansiosa te sorprendo!

—¡Curiosidad maldita!, frío aguijón que hieres
las femeninas almas, los varoniles pechos:
tu fuerza impele al hombre a que busque la hondura
del desencanto amargo y a que remueva el cieno
donde se forman siempre los miasmas infectos.

—¿Qué has dicho de amargura y cieno y desencanto?
¡Ah! No pronuncies frases, mi bien, que no comprendo;
dime solo en qué piensas cuando de mí te apartas
y huyendo de los hombres vas buscando el silencio.

—Pienso en cosas tan tristes a veces y tan negras,
y en otras tan extrañas y tan hermosas pienso,
que... no lo sabrás nunca, porque lo que se ignora
no nos daña si es malo, ni perturba si es bueno.
Yo te lo digo, niña, a quien de veras amo:
encierra el alma humana tan profundos misterios,
que cuando a nuestros ojos un velo los oculta,
es temeraria empresa descorrer ese velo;
no pienses, pues, bien mío, no pienses en qué pienso.

—Pensaré noche y día, pues sin saberlo, muero.
Y cuenta que lo supo, y que la mató entonces
la pena de saberlo.

LV

Cuido una planta bella
que ama y busca la sombra,
como la busca un alma
huérfana, triste, enamorada y sola,

y allí donde jamás la luz del día
llega sino a través de las umbrosas
ramas de un mirto y los cristales turbios
de una ventana angosta,
ella vive tan fresca y perfumada,
y se torna más bella y más frondosa,
y languidece y se marchita y muere
cuando un rayo de sol besa sus hojas.

***

Para el pájaro el aire, para el musgo la roca,
los mares para el alga, mayo para las rosas;
que todo ser o planta va buscando
su natural atmósfera,
y sucumbe bien pronto si es que a ella
oculta mano sin piedad la roba.

***

Solo el humano espíritu al rodar desquiciado
desde su órbita a mundos tristes y desolados,
ni sucumbe ni muere; que del dolor el mazo
fuerte, que abate el polvo y que quebranta el barro
mortal, romper no puede ni desatar los lazos
que con lo eterno le unen por misterioso arcano.

Por eso yo que anhelo que el refulgente astro
del día calor preste a mis miembros helados,
aún aliento y resisto sin luz y sin espacio,
como la planta bella que odia del sol el rayo.

Ya que otra luz más viva que la del sol dorado
y otro calor más dulce en mi alma penetrando
me anima y me sustenta con su secreto halago
y da luz a mis ojos por el dolor cegados.

LVI

I

En los ecos del órgano o en el rumor del viento,
en el fulgor de un astro o en la gota de lluvia,
te adivinaba en todo y en todo te buscaba,
sin encontrarte nunca.

Quizás después te ha hallado, te ha hallado y te ha perdido
otra vez, de la vida en la batalla ruda,
ya que sigue buscándote y te adivina en todo,
sin encontrarte nunca.

Pero sabe que existes y no eres vano sueño,
hermosura sin nombre, pero perfecta y única;
por eso vive triste, porque te busca siempre
sin encontrarte nunca.

II

Yo no sé lo que busco eternamente
en la tierra, en el aire y en el cielo;
yo no sé lo que busco, pero es algo
que perdí no sé cuándo y que no encuentro,
aun cuando sueñe que invisible habita
en todo cuanto toco y cuanto veo.

Felicidad, no he volver a hallarte
en la tierra, en el aire ni en el cielo,
¡aun cuando sé que existes
y no eres vano sueño!

SANTA ESCOLÁSTICA

I

Una tarde de abril, en que la tenue
llovizna triste humedecía en silencio
de las desiertas calles las baldosas,
mientras en los espacios resonaban
las campanas con lentas vibraciones,
dime a marchar, huyendo de mi sombra.

Bochornoso calor que enerva y rinde,
si se cierne en la altura la tormenta,
tornara el aire irrespirable y denso.
Y el alma ansiosa y anhelante el pecho
a impulsos del instinto iban buscando
puro aliento en la tierra y en el cielo.

Soplo mortal creyérase que había
dejado el mundo sin piedad desierto,
convirtiendo en sepulcro a Compostela.
Que en la santa ciudad, grave y vetusta,
no hay rumores que turben importunos
la paz ansiada en la apacible siesta.

II

—¡Cementerio de vivos! —murmuraba
yo al cruzar por las plazas silenciosas
que otros días de glorias nos recuerdan.

¿Es verdad que hubo aquí nombres famosos,
guerreros indomables, grandes almas?
¿Dónde hoy su raza varonil alienta?

La airosa puerta de Fonseca, muda,
me mostró sus estatuas y relieves
primorosos, encanto del artista;
y del gran hospital, la incomparable
obra del genio, ante mis tristes ojos
en el espacio dibujose altiva.

Después la catedral, palacio místico
de atrevidas románicas arcadas,
y con su Gloria de bellezas llena,
me pareció al mirarla que quería
sobre mi frente desplomar, ya en ruinas,
de sus torres la mole gigantesca.

Volví entonces el rostro, estremecida,
hacia donde atrevida se destaca
del Cebedeo la celeste imagen,
como el alma del mártir, blanca y bella,
y vencedora en su caballo airoso,
que galopando en triunfo rasga el aire.

Y bajo el arco oscuro, en donde eterno
del oculto torrente el rumor suena,
me deslicé cual corza fugitiva,
siempre andando al azar, con aquel paso
errante del que busca en donde pueda
de sí arrojar el peso de la vida.

Atrás quedaba aquella calle adusta,
camino de los frailes y los muertos,
siempre vacía y misteriosa siempre,
con sus manchas de sombra gigantescas
y sus claros de luz, que hacen más triste
la soledad, y que los ojos hieren.

Y en tanto... la llovizna, como todo
lo manso, terca, sin cesar regaba

campos y plazas, calles y conventos
que iluminaba el sol con rayo oblicuo
a través de los húmedos vapores,
blanquecinos a veces, otras negros.

III

Ciudad extraña, hermosa y fea a un tiempo,
a un tiempo apetecida y detestada,
cual ser que nos atrae y nos desdeña.
Algo hay en ti que apaga el entusiasmo,
y del mundo feliz de los ensueños
a la aridez de la verdad nos lleva.
¡De la verdad! ¡Del asesino honrado
que impasible nos mata y nos entierra!

***

¡Y yo quería morir! La sin entrañas,
sin conmoverse, me mostrara el negro
y oculto abismo que a mis pies abrieran;
y helándome la sangre, fríamente,
de amor y de esperanza me dejara,
con solo un golpe, para siempre huérfana.

"¡La gloria es humo! El cielo está tan alto
y tan bajos nosotros, que la tierra
que nos ha dado volverá a absorbernos.
¡Afanarse y luchar, cuando es el hombre
mortal ingrato y nula la victoria!
¿Por qué, aunque haya Dios, vence el infierno?".

Así del dolor víctima, el espíritu
se rebelaba contra cielo y tierra...
mientras mi pie inseguro caminaba;
cuando de par en par vi abierto el templo,
de fieles despoblado, y donde apenas
su resplandor las lámparas lanzaban.

IV

Majestad de los templos, mi alma femenina
te siente, como siente las maternas dulzuras,
las inquietudes vagas, las ternuras secretas
y el temor a lo oculto tras de la inmensa altura.

¡Oh, majestad sagrada! En nuestra húmeda tierra
más grande eres y augusta que en donde el sol ardiente
inquieta con sus rayos vivísimos las sombras
que al pie de los altares oran, velan o duermen.

Bajo las anchas bóvedas, mis pasos silenciosos
resonaron con eco armonioso y pausado,
cual resuena en la gruta la gota cristalina
que lenta se desprende sobre el verdoso charco.

Y aun más que los acentos del órgano y la música
sagrada, conmoviome aquel silencio místico
que llenaba el espacio de indefinidas notas,
tan solo perceptibles al conturbado espíritu.

Del incienso y la cera el acusado aroma
que impregnaba la atmósfera que allí se respiraba,
no sé por qué, de pronto, despertó en mis sentidos
de tiempos más dichosos reminiscencias largas.

Y mi mirada inquieta, cual buscando refugio
para el alma, que sola luchaba entre tinieblas,
recorrió los altares, esperando que acaso
algún rayo celeste brillase al fin en ella.

Y... ¡no fue vano empeño ni ilusión engañosa!
Suave, tibia, pálida la luz rasgó la bruma
y penetró en el templo, cual entra la alegría
de súbito en el pecho que las penas anublan.

¡Ya yo no estaba sola! En armonioso grupo,
como visión soñada, se dibujó en el aire
de un ángel y una santa el contorno divino,
que en un nimbo envolvía vago el sol de la tarde.

Aquel candor, aquellos delicados perfiles
de celestial belleza, y la inmortal sonrisa
que hace entreabrir los labios del dulce mensajero
mientras contempla el rostro de la virgen dormida.

En el sueño del éxtasis, y en cuya frente casta
se transparenta el fuego del amor puro y santo,
más ardiente y más hondo que todos los amores
que pudo abrigar nunca el corazón humano:

Aquel grupo que deja absorto el pensamiento,
que impresiona el espíritu y asombra la mirada,
me hirió calladamente, como hiere los ojos
cegados por la noche la blanca luz del alba.

Todo cuanto en mí había de pasión y ternura,
de entusiasmo ferviente y gloriosos empeños,
ante el sueño admirable que realizó el artista,
volviendo a tomar vida, resucitó en mi pecho.

Sentí otra vez el fuego que ilumina y que crea
los secretos anhelos, los amores sin nombre,
que como al arpa eólica el viento, al alma arranca
sus notas más vibrantes, sus más dulces canciones.

Y orando y bendiciendo al que es todo hermosura,
se dobló mi rodilla, mi frente se inclinó
ante Él, y conturbada, exclamé de repente:
"¡Hay arte! ¡Hay poesía...! Debe haber cielo. ¡Hay Dios!".

LVIII

Dicen que no hablan las plantas, ni las fuentes, ni los pájaros,
ni el onda con sus rumores, ni con su brillo los astros:
lo dicen, pero no es cierto, pues siempre cuando yo paso
de mí murmuran y exclaman:
—Ahí va la loca, soñando,
con la eterna primavera de la vida y de los campos,
y ya bien pronto, bien pronto, tendrá los cabellos canos,
y ve temblando, aterida, que cubre la escarcha el prado.

—Hay canas en mi cabeza, hay en los prados escarcha;
mas yo prosigo soñando, pobre, incurable sonámbula,
con la eterna primavera de la vida que se apaga
y la perenne frescura de los campos y las almas,
aunque los unos se agostan y aunque las otras se abrasan.

Astros y fuentes y flores, no murmuréis de mis sueños;
sin ellos, ¿cómo admiraros, ni cómo vivir sin ellos?

LIX

Cada vez que recuerda tanto oprobio,
—cada vez digo ¡y lo recuerda siempre!—,
avergonzada su alma
quisiera en el no ser desvanecerse,

como la blanca nube
en el espacio azul se desvanece.

Recuerdo... lo que halaga hasta el delirio
o da dolor hasta causar la muerte...
no, no es solo recuerdo,
sino que es juntamente
el pasado, el presente, el infinito,
lo que fue, lo que es y ha de ser siempre.

LX

Recuerda el trinar del ave
y el chasquido de los besos,
los rumores de la selva
cuando en ella gime el viento,
y del mar las tempestades,
y la bronca voz del trueno;
todo halla un eco en las cuerdas
del arpa que pulsa el genio.

Pero aquel sordo latido
del corazón que está enfermo
de muerte, y que de amor muere
y que resuena en el pecho
como un bordón que se rompe
dentro de un sepulcro hueco,
es tan triste y melancólico,
tan terrible y tan supremo,
que jamás el genio pudo
repetirlo con sus ecos.

LXI

Del mar azul las transparentes olas
mientras blandas murmuran

sobre la arena, hasta mis pies rodando,
tentadoras me besan y me buscan.

Inquietas lamen de mi planta el borde,
lánzanme airosas su nevada espuma,
y pienso que me llaman, que me atraen
hacia sus salas húmedas.

Mas cuando ansiosa quiero
seguirlas por la líquida llanura,
se hunde mi pie en la linfa transparente
y ellas de mí se burlan.
Y huyen abandonándome en la playa
a la terrena, inacabable lucha,
como en las tristes playas de la vida
me abandonó inconstante la fortuna.

LXII

Si medito en tu eterna grandeza,
buen Dios, a quien nunca veo,
y levanto asombrada los ojos
hacia el alto firmamento
que llenaste de mundos y mundos...
toda conturbada, pienso
que soy menos que un átomo leve
perdido en el universo;
nada, en fin... y que al cabo en la nada
han de perderse mis restos.

Mas si cuando el dolor y la duda
me atormentan, corro al templo,
y a los pies de la Cruz un refugio
busco ansiosa implorando remedio,
de Jesús el cruento martirio
tanto conmueve mi pecho,
y adivino tan dulces promesas
en sus dolores acerbos,

que cual niño que reposa
en el regazo materno,
después de llorar, tranquila
tras la expiación, espero
que allá donde Dios habita
he de proseguir viviendo.

LXIII

I

Los que a través de sus lágrimas,
sin esfuerzo ni violencia,
abren paso en el alma afligida
al nuevo placer que llega;

los que tras de las fatigas
de una existencia azarosa,
al dar término al rudo combate
cogen larga cosecha de gloria;

y, en fin, todos los dichosos,
cuyo reino es de este mundo,
y dudando o creyendo en el otro
de la tierra se llevan los frutos;

¡con qué tedio oyen el grito
del que en vano ha querido y no pudo
arrojar de sus hombros la carga
pesada del infortunio!

—Cada cual en silencio devore
sus penas y sus afanes
—dicen—, que es de animosos y fuertes
el callar, y es la queja cobarde.

No el lúgubre vaticinio
que el espíritu turba y sorprende,

ni el inútil y eterno lamento
importuno en los aires resuene.

¡Poeta!, en fáciles versos,
y con estro que alienta los ánimos,
ven a hablarnos de esperanzas,
pero no de desengaños.

II

¡Atrás, pues, mi dolor vano con sus acerbos gemidos
que en la inmensidad se pierden, como los sordos bramidos
del mar en las soledades que el líquido amargo llena!
¡Atrás!, y que el denso velo de los inútiles lutos,
rasgándose, libre paso deje al triunfo de los Brutos,
que asesinados los Césares, ya ni dan premio ni pena...

Pordiosero vergonzante que en cada rincón desierto
tendiendo la enjuta mano detiene su paso incierto
para entonar la salmodia que nadie escucha ni entiende,
me pareces, dolor mío, de quien reniego en buen hora.
¡Huye, pues, del alma enferma! Y tú, nueva y blanca aurora,
toda de promesas harta, sobre mí tus rayos tiende.

III

¡Pensamientos de alas negras!, huid, huid azorados,
como bandada de cuervos por la tormenta acosados,
o como abejas salvajes en quien el fuego hizo presa;
dejad que amanezca el día de resplandores benditos
en cuya luz se presienten los placeres infinitos...
¡y huid con vuestra perenne sombra que en el alma pesa!

¡Pensamientos de alas blancas!, ni gimamos ni roguemos
como un tiempo, y en los mundos luminosos penetremos
en donde nunca resuena la débil voz del caído,
en donde el dorado sueño para en realidad segura,
y de la humana flaqueza sobre la inmensa amargura
y sobre el amor que mata, sus alas tiende el olvido.

Ni el recuerdo que atormenta con horrible pesadilla,
ni la pobreza que abate, ni la miseria que humilla,
ni de la injusticia el látigo, que al herir mancha y condena,
ni la envidia y la calumnia más que el fuego asoladoras
existen para el que siente que se deslizan sus horas
del contento y la abundancia por la corriente serena.

Allí, donde nunca el llanto los párpados enrojece,
donde por dicha se ignora que la humanidad padece
y que hay seres que codician lo que harto el perro desdeña;
allí, buscando un asilo, mis pensamientos dichosos
a todo pesar ajenos, lejos de los tenebrosos
antros del dolor, cantemos a la esperanza risueña.

Frescas voces juveniles, armoniosos instrumentos,
¡venid!, que a vuestros acordes yo quiero unir mis acentos
vigorosos, y el espacio llenar de animadas notas,
y entre estatuas y entre flores, entrelazadas las manos,
danzar en honor de todos los venturosos humanos
del presente, del futuro y las edades remotas.

IV

Y mi voz, entre el concierto de las graves sinfonías,
de las risas lisonjeras y las locas alegrías,
se alzó robusta y sonora con la inspiración ardiente
que enciende en el alma altiva del entusiasmo la llama,
y hace creer al que espera y hace esperar al que ama
que hay un cielo en donde vive el amor eternamente.

Del labio amargado un día por lo acerbo de los males,
como de fuente abundosa fluyó la miel a raudales,
vertiéndose en copas de oro que mi mano orló de rosas,
y bajo de los espléndidos y ricos artesonados,
en los palacios inmensos y los salones dorados,
fui como flor en quien beben perfumes las mariposas.

Los aplausos resonaban con estruendo en torno mío,
como el vendaval resuena cuando se desborda el río
por la lóbrega encañada que adusto el pinar sombrea;
genio supremo y sublime del porvenir me aclamaron,

y trofeos y coronas a mis plantas arrojaron,
como a los pies del guerrero vencedor en la pelea.

V

Mas un día, de aquel bello y encantado paraíso
donde con tantas victorias la suerte brindarme quiso,
volví al mundo desolado de mis antiguos amores,
cual mendigo que a su albergue torna de riquezas lleno;
pero al verme los que ausente me lloraron, de su seno
me rechazaron cual suele rechazarse a los traidores.

Y con agudos silbidos y entre sonrisas burlonas,
renegaron de mi numen y pisaron mis coronas,
de sus iras envolviéndome en la furiosa tormenta;
y sombrío y cabizbajo como Caín el maldito,
el execrable anatema llevando en la frente escrito,
refugio busqué en la sombra para devorar mi afrenta.

VI

No hay mancha que siempre dure, ni culpa que perdonada
deje de ser, si con llanto de contrición fue regada;
así, cuando de la mía se borró el rastro infamante,
como en el cielo se borra el de la estrella que pasa,
pasé yo entre los mortales como el pie sobre la brasa,
sin volver atrás los ojos ni mirar hacia adelante.

Y a mi corazón le dije: "Si no es vano tu ardimiento
y en ti el manantial rebosa del amor y el sentimiento,
fuentes en donde el poeta apaga su sed divina,
sé tú mi musa, y cantemos sin preguntarle a las gentes
si aman las alegres trovas o los suspiros dolientes,
si gustan del sol que nace o buscan al que declina".

LXIV

Mientras el hielo las cubre
con sus hilos brillantes de plata,

todas las plantas están ateridas,
ateridas como mi alma.

Esos hielos para ellas
son promesa de flores tempranas,
son para mí silenciosos obreros
que están tejiéndome la mortaja.

LXV

Pensaban que estaba ocioso
en sus prisiones estrechas,
y nunca estarlo ha podido
quien firme al pie de la brecha,
en guerra desesperada
contra sí mismo pelea.

Pensaban que estaba solo,
y no lo estuvo jamás
el forjador de fantasmas,
que ve siempre en lo real
lo falso, y en sus visiones
la imagen de la verdad.

LXVI

Brillaban en la altura cual moribundas chispas,
las pálidas estrellas,
y abajo... muy abajo, en la callada selva,
sentíanse en las hojas próximas a secarse,
y en las marchitas hierbas,
algo como estallidos de arterias que se rompen
y huesos que se quiebran.
¡Qué cosas tan extrañas finge una mente enferma!

Tan honda era la noche,
la oscuridad tan densa,
que ciega la pupila
si se fijaba en ella,
creía ver brillando entre la espesa sombra
como en la inmensa altura las pálidas estrellas.
¡Qué cosas tan extrañas se ven en las tinieblas!

En su ilusión, creyose por el vacío envuelto,
y en él queriendo hundirse
y girar con los astros por el celeste piélago,
fue a estrellarse en las rocas, que la noche ocultaba
bajo su manto espeso.

LXVII

Son los corazones de algunas criaturas
como los caminos muy transitados,
donde las pisadas de los que ahora llegan,
borran las pisadas de los que pasaron:
no será posible que dejéis en ellos,
de vuestro cariño, recuerdo ni rastro.

LXVIII

Al oír las canciones
que en otro tiempo oía,
del fondo en donde duermen mis pasiones
el sueño de la nada,
pienso que se alza irónica y sombría,
la imagen ya enterrada
de mis blancas y hermosas ilusiones,
para decirme: —¡Necia!, lo que es ido
¡no vuelve!; lo pasado se ha perdido
como en la noche va a perderse el día,
ni hay para la vejez resurrecciones...

¡Por Dios, no me cantéis esas canciones
que en otro tiempo oía!

LXVIX

Vosotros que del cielo que forjasteis
vivís como Narciso enamorados,
no lograréis cambiar de la criatura
en su esencia, la misma eternamente,
los instintos innatos.

No borraréis jamás del alma humana
el orgullo de raza, el amor patrio,
la vanidad del propio valimiento,
ni el orgullo del ser que se resiste
a perder de su ser un solo átomo.

A LA LUNA

I

¡Con qué pura y serena transparencia
brilla esta noche la luna!
A imagen de la cándida inocencia,
no tiene mancha ninguna.

De su pálido rayo la luz pura
como lluvia de oro cae
sobre las largas cintas de verdura
que la brisa lleva y trae.

Y el mármol de las tumbas ilumina
con melancólica lumbre,
y las corrientes de agua cristalina
que bajan de la alta cumbre.

La lejana llanura, las praderas,
el mar de espuma cubierto
donde nacen las ondas plañideras,
el blanco arenal desierto.

La iglesia, el campanario, el viejo muro,
la ría en su curso varia,
todo lo ves desde tu cenit puro,
casta virgen solitaria.

II

Todo lo ves, y todos los mortales,
cuantos en el mundo habitan,
en busca del alivio de sus males,
tu blanca luz solicitan.

Unos para consuelo de dolores,
otros tras de ensueños de oro
que con vagos y tibios resplandores
vierte tu rayo incoloro.

Y otros, en fin, para gustar contigo
esas venturas robadas
que huyen del sol, acusador testigo,
pero no de tus miradas.

III

Y yo, celosa como me dio el cielo
y mi destino inconstante,
correr quisiera un misterioso velo
sobre tu casto semblante.

Y piensa mi exaltada fantasía
que solo yo te contemplo,
y como que es hermosa en demasía
te doy mi patria por templo.

Pues digo con orgullo que en la esfera
jamás brilló luz alguna
que en su claro fulgor se pareciera
a nuestra cándida luna.

Mas ¡qué delirio y qué ilusión tan vana
esta que llena mi mente!
De altísimas regiones soberana
nos miras indiferente.

Y sigues en silencio tu camino
siempre impasible y serena,

dejándome sujeta a mi destino
como el preso a su cadena.

Y a alumbrar vas un suelo más dichoso
que nuestro encantado suelo,
aunque no más fecundo y más hermoso,
pues no le hay bajo del cielo.

No hizo Dios cual mi patria otra tan bella
en luz, perfume y frescura,
solo que le dio en cambio mala estrella,
dote de toda hermosura.

IV

Dígote, pues, adiós, tú, cuanto amada,
indiferente y esquiva;
¿qué eres al fin, ¡oh, hermosa!, comparada
al que es llama ardiente y viva?

Adiós... adiós, y quiera la fortuna,
descolorida doncella,
que tierra tan feliz no halles ninguna
como mi Galicia bella.

Y que al tornar viajera sin reposo
de nuevo a nuestras regiones,
en donde un tiempo el celta vigoroso
te envió sus oraciones,

en vez de lutos como un tiempo, veas
la abundancia en sus hogares,
y que en ciudades, villas y en aldeas
han vuelto los ausentes a sus lares.

LXXI

"Yo en mi lecho de abrojos,
tú en tu lecho de rosas y de plumas;
verdad dijo, el que dijo, que un abismo
media entre mi miseria y tu fortuna.
Mas yo no cambiaría
por tu lecho mi lecho,
pues rosas hay que manchan y emponzoñan,
y abrojos que a través de su aspereza
nos conducen al cielo".

LXXII

Con ese orgullo de la honrada y triste
miseria resignada a sus tormentos,
la virgen pobre su canción entona
en el mísero y lóbrego aposento,
y allí otra voz murmura al mismo tiempo:

"Entre plumas y rosas descansemos,
que hallo mejor anticipar los goces
de la gloria en la tierra, y que impaciente
por mí aguarde el infierno;
el infierno a quien vence el que ha pecado
con su arrepentimiento.
¡Bien hayas tú, la que el placer apuras;
y tú, pobre y ascética, mal hayas!

La vida es breve, el porvenir oscuro,
cierta la muerte, y venturosa aquella
que en vez de sueños realidades ama".

Ella, triste, de súbito suspira
interrumpiendo su cantar, y bañan,
frías y silenciosas,
su semblante las lágrimas.

¿Quién levantó tal tempestad de llanto
en aquella alma blanca y sin rencores
que aceptaba serena su desdicha,
con fe esperando en los celestes dones?
¡Quién! El perenne instigador oculto
de la insidiosa duda; el monstruo informe
que ya es la fiebre del carnal deseo,
ya el montón de oro que al brillar corrompe,
ya de amor puro la fingida imagen:
otra vez el de siempre... ¡Mefistófeles!
Que aunque hoy así no se le llame, acaso
proseguirá sin nombre la batalla,
porque mudan los nombres, mas las cosas
eternas, ni se mudan ni se cambian.

LXXIII

Viéndome perseguido por la alondra
que en su rápido vuelo
arrebatarme quiso en su piquillo
para dar alimento a sus polluelos,

yo, diminuto insecto de alas de oro,
refugio hallé en el cáliz de una rosa,
y allí viví dichoso desde el alba
hasta la nueva aurora.

Mas aunque era tan fresca y perfumada
la rosa, como yo no encontró abrigo

contra el viento, que alzándose en el bosque
arrastrola en revuelto torbellino.

Y rodamos los dos en fango envueltos
para ya nunca levantarse ella,
y yo para llorar eternamente
mi amor primero y mi ilusión postrera.

LXXIV

De repente los ecos divinos
que en el tiempo se apagaron,
desde lejos de nuevo llamáronle
con el poderoso encanto
que del fondo del sepulcro
hizo levantar a Lázaro.

Agitose al oírlos su alma
y volvió de su sueño letárgico
a la vida, como vuelve
a su patria el desterrado
que ve al fin los lugares queridos,
mas no a los seres amados.

Alma que has despertado,
vuelve a quedar dormida;
no es que aparece el alba,
es que ya muere el día
y te envía en su rayo postrero
la postrimera caricia.

LXXV

Si al festín de los dioses llegas tarde,
ya del néctar celeste

que rebosó en las ánforas divinas
solo, alma triste, encontrarás las heces.

Mas aun así de su amargor dulcísimo
conservarás tan íntimos recuerdos,
que bastarán a consolar tus penas
de la vida en el áspero desierto.

LXXVI

La palabra y la idea... Hay un abismo
entre ambas cosas, orador sublime.
Si es que supiste amar, di: cuando amaste,
¿no es verdad, no es verdad que enmudeciste?
Cuando has aborrecido, ¿no has guardado
silencioso la hiel de tus rencores
en lo más hondo y escondido y negro
que hallar puede en sí un hombre?
Un beso, una mirada,
suavísimo lenguaje de los cielos;
un puñal afilado, un golpe aleve,
expresivo lenguaje del infierno.
Mas la palabra en vano
cuando el odio o el amor llenan la vida,
al convulsivo labio balbuciente
se agolpa y precipita.
¡Qué ha de decir! Desventurada y muda,
de tan hondos, tan íntimos secretos,
la lengua humana, torpe, no traduce
el velado misterio.
Palpita el corazón enfermo y triste,
languidece el espíritu, he aquí todo;
después se rompe el frágil
vaso, y la esencia elévase a lo ignoto.

LXXVII

"Los muertos van de prisa",
el poeta lo ha dicho;
van tan de prisa, que sus sombras pálidas
se pierden del olvido en los abismos
con mayor rapidez que la centella
se pierde en los espacios infinitos.

"Los muertos van de prisa"; mas yo creo
que aun mucho más de prisa van los vivos.
¡Los vivos!, que con ansia abrasadora,
cuando apenas vivieron
un instante de gloria, un solo día
de júbilo, y mucho antes de haber muerto,
unos a otros sin piedad se entierran
para heredarse presto.

LXXVIII

A sus plantas se agitan los hombres,
como el salvaje hormiguero
en cualquier rincón oculto
de un camino olvidado y desierto.
¡Cuál le irritan sus gritos de júbilo,
sus risas y sus acentos,
gratos como la esperanza,
como la dicha soberbios!

Todos alegres se miran,
se tropiezan, y en revuelto
torbellino van y vienen
a la luz de un sol espléndido,
del cual tiene que ocultarse,
roto, miserable, hambriento.

¡Ah!, si él fuera la nube plomiza
que lleva el rayo en su seno,

apagara la antorcha celeste
con sus enlutados velos,
y llenara de sombras el mundo
cual lo están sus pensamientos.

LXXIX

Era en abril, y de la nieve al peso
aún se doblaron los morados lirios;
era en diciembre, y se agostó la hierba
al sol, como se agosta en el estío.
En verano o en invierno, no lo dudes,
adulto, anciano o niño,
y hierba y flor, son víctimas eternas
de las amargas burlas del destino.
Sucumbe el joven, y encorvado, enfermo,
sobrevive el anciano; muere el rico
que ama la vida, y el mendigo hambriento
que ama la muerte es como eterno vivo.

LXXX

Prodigando sonrisas
que aplausos demandaban,
apareció en la escena, alta la frente,
soberbia la mirada,
y sin ver ni pensar más que en sí misma,
entre la turba aduladora y mansa
que la aclamaba sol del universo,
como noche de horror pudo aclamarla,
pasó a mi lado y arrollarme quiso
con su triunfal carroza de oro y nácar.
Yo me aparté, y fijando mis pupilas
en las suyas airadas:
—¡Es la inmodestia! —al conocerla dije,
y sin enojo la volví la espalda.

Mas tú cree y espera, ¡alma dichosa!,
que al cabo ese es el sino
feliz de los que elige el desengaño
para llevar la palma del martirio.

LAS CAMPANAS

Yo las amo, yo las oigo
cual oigo el rumor del viento,
el murmurar de la fuente
o el balido del cordero.

Como los pájaros, ellas,
tan pronto asoma en los cielos
el primer rayo del alba,
le saludan con sus ecos.

Y en sus notas, que van repitiéndose
por los llanos y los cerros,
hay algo de candoroso,
de apacible y de halagüeño.

Si por siempre enmudecieran,
¡qué tristeza en el aire y el cielo!,
¡qué silencio en las iglesias!,
¡qué extrañeza entre los muertos!

LXXXII

En la altura los cuervos graznaban,
los deudos gemían en torno del muerto,
y las ondas airadas mezclaban
sus bramidos al triste concierto.

***

Algo había de irónico y rudo
en los ecos de tal sinfonía;
algo negro, fantástico y mudo
que del alma las cuerdas hería.

***

Bien pronto cesaron los fúnebres cantos,
esparciose la tumba curiosa,
acabaron gemidos y llantos
y dejaron al muerto en su fosa.

Tan solo a lo lejos, rasgando la bruma,
del negro estandarte las orlas flotaron,
como flota en el aire la pluma
que al ave nocturna los vientos robaron.

LXXXIII

Ansia que ardiente crece,
vertiginoso vuelo
tras de algo que nos llama
con murmurar incierto,
sorpresas celestiales,
dichos que nos asombran;
así cuando buscamos lo escondido,
así comienzan del amor las horas.

Inaplacable angustia,
hondo dolor del alma,
recuerdo que no muere,
deseo que no acaba,
vigilia de la noche,
torpe sueño del día
es lo que queda del placer gustado,
es el fruto podrido de la vida.

LXXXIV

Aunque mi cuerpo se hiela,
me imagino que me quemo;
y es que el hielo algunas veces
hace la impresión del fuego.

LXXXV

A las rubias envidias
porque naciste con color moreno,
y te parecen ellas blancos ángeles
que han bajado del cielo.
¡Ah!, pues no olvides, niña,
y ten por cosa cierta,

que mucho más que un ángel siempre pudo
un demonio en la tierra.

LXXXVI

De este mundo en la comedia
eterna, vienen y van
bajo un mismo velo envueltas
la mentira y la verdad;
por eso al verlas el hombre
tras del mágico cendal
que vela la faz de entrambas,
nunca puede adivinar
con certeza cuál es de ellas
la mentira o la verdad.

LXXXVII

Triste loco de atar el que ama menos
le llama al que ama más;
y terco impenitente, al que no olvida
el que puede olvidar.
Del rico, el pobre en su interior maldice,
cual si él rico no fuera si pudiese,
y aquel siente hacia el pobre lo que el blanco
hacia las razas inferiores siente.

LXXXVIII

Justicia de los hombres, yo te busco,
pero solo te encuentro
en la palabra, que tu nombre aplaude,
mientras te niega tenazmente el hecho.

—Y tú, ¿dónde resides —me pregunto
con aflicción—, justicia de los cielos,
cuando el pecado es obra de un instante
y durará la expiación terrible
mientras dure el infierno?

LXXXIX

Sed de amores tenía, y dejaste
que la apagase en tu boca,
¡piadosa samaritana!,
y te encontraste sin honra,
ignorando que hay labios que secan
y que manchan cuanto tocan.

***

¡Lo ignorabas... y ahora lo sabes!
Pero yo sé también, pecadora
compasiva, porque a veces
hay compasiones traidoras,
que si el sediento volviese
a implorar misericordia,
su sed de nuevo apagaras,
samaritana piadosa.

***

No volverá, te lo juro;
desde que una fuente enlodan
con su pico esas aves de paso,
se van a beber a otra.

XC

Sintiéndose acabar con el estío
la desahuciada enferma,

—¡Moriré en el otoño!
—pensó entre melancólica y contenta—,
y sentiré rodar sobre mi tumba
las hojas también muertas.

Mas... ni aun la muerte complacerla quiso,
cruel también con ella;
perdonole la vida en el invierno
y cuando todo renacía en la tierra
la mató lentamente, entre los himnos
alegres de la hermosa primavera.

XCI

Una cuerda tirante guarda mi seno
que al menor viento lanza siempre un gemido,
mas no repite nunca más que un sonido
monótono, vibrante, profundo y lleno.

.

Fue ayer y es hoy y siempre:
al abrir mi ventana
veo en Oriente amanecer la aurora,
después hundirse el sol en lontananza.

Van tantos años de esto
que cuando a muerto tocan,
yo no sé si es pecado, pero digo:
—¡Qué dichoso es el muerto, o qué dichosa!

XCII

¡No! No ha nacido para amar, sin duda,
ni tampoco ha nacido para odiar,
ya que el amor y el odio han lastimado
su corazón de una manera igual.

***

Como la dura roca
de algún arroyo solitario al pie,
inmóvil y olvidado anhelaría
ya vivir sin amar ni aborrecer.

XCIII

Al caer despeñado en la hondura
desde la alta cima,
duras rocas quebraron sus huesos,
hirieron sus carnes agudas espinas,
y el torrente de lecho sombrío,
rasgando sus linfas
y entreabriendo los húmedos labios,
vino a darle su beso de muerte
cerrando en los suyos el paso a la vida.

***

Despertáronle luego, y temblando
de angustia y de miedo,
—¡Ah!, ¿por qué despertar? —preguntose
después de haber muerto.

***

Al pie de su tumba
con violados y ardientes reflejos,
flotando en la niebla
vio dos ojos brillantes de fuego
que al mirarle ahuyentaban el frío
de la muerte templando su seno.

Y del yermo sin fin de su espíritu
ya vuelto a la vida, rompiéndose el hielo,
sintió al cabo brotar en el alma
la flor de la dicha, que engendra el deseo.
Dios no quiso que entrase infecunda

en la fértil región de los cielos;
piedad tuvo del ánimo triste
que el germen guardaba de goces eternos.

XCIV

Desde los cuatro puntos cardinales
de nuestro buen planeta
—joven, pese a sus múltiples arrugas—,
miles de inteligencias
poderosas y activas
para ensanchar los campos de la ciencia,
tan vastos ya que la razón se pierde
en sus frondas inmensas,
acuden a la cita que el progreso
les da desde su templo de cien puertas.

Obreros incansables, yo os saludo,
llena de asombro y de respeto llena,
viendo cómo la Fe que guio un día
hacia el desierto al santo anacoreta,
hoy con la misma venda transparente
hasta el umbral de lo imposible os lleva.
¡Esperad y creed!, crea el que cree,
y ama con doble ardor aquel que espera.

Pero yo en el rincón más escondido
y también más hermoso de la tierra,
sin esperar a Ulyses,
que el nuestro ha naufragado en la tormenta,
semejante a Penélope
tejo y destejo sin cesar mi tela,
pensando que esta es del destino humano
la incansable tarea,
y que ahora subiendo, ahora bajando,
unas veces con luz y otras a ciegas,
cumplimos nuestros días y llegamos
más tarde o más temprano a la ribera.

XCV

Aún otra amarga gota en el mar sin orillas
donde lo grande pasa de prisa y lo pequeño
desaparece o se hunde, como piedra arrojada
de las aguas profundas al estancado légamo.

Vicio, pasión, o acaso enfermedad del alma,
débil a caer vuelve siempre en la tentación.
Y escribe como escriben las olas en la arena,
el viento en la laguna y en la neblina el sol.

Mas nunca nos asombra que trine o cante el ave,
ni que eterna repita sus murmullos el agua;
canta, pues, ¡oh poeta!, canta, que no eres menos
que el ave y el arroyo que armonioso se arrastra.

XCVI

En incesante encarnizada lucha,
en pugilato eterno,
unos tras otros al palenque vienen
para luchar, seguidos del estruendo
de los aplausos prodigados siempre
de un modo igual a todos.
Todos genios
sublimes e inmortales se proclaman
sin rubor; mas bien pronto
al ruido de la efímera victoria
se sucede el silencio
sepulcral del olvido, y juntos todos,
los grandes, los medianos, los pequeños,
cual en tumba común, perdidos quedan
sin que nadie se acuerde que existieron.

XCVII

Glorias hay que deslumbran, cual deslumbra
el vivo resplandor de los relámpagos,
y que como él se apagan en la sombra,
sin dejar de su luz huella ni rastro.

Yo prefiero a ese brillo de un instante,
la triste soledad donde batallo,
y donde nunca a perturbar mi espíritu
llega el vano rumor de los aplausos.

XCVIII

¡Oh, gloria!, deidad vana cual todas las deidades
que en el orgullo humano tienen altar y asiento,
jamás te rendí culto, jamás mi frente altiva
se inclinó de tu trono ante el dosel soberbio.

En el dintel oscuro de mi pobre morada
no espero que detengas el breve alado pie;
porque jamás mi alma te persiguió en sus sueños,
ni de tu amor voluble quiso gustar la miel.

¡Cuántos te han alcanzado que no te merecían,
y cuántos cuyo nombre debiste hacer eterno,
en brazos del olvido más triste y más profundo
perdidos para siempre duermen el postrer sueño!

FIN

NOTAS PARA LA EDICIÓN DE 2022

1) Contexto histórico

El siglo XIX es una época turbulenta para España. Comienza con la invasión francesa en 1808 y su consiguiente guerra de independencia, y termina con el conflicto hispano-estadounidense, también conocido como el Desastre del 98, estocada final al corazón del Imperio Español.

2) Contexto literario

En lo político y social, el país sufre grandes cambios, al compás de enroques dinásticos, ensayos republicanos y una restauración monárquica. En sintonía con los principales países del continente, España ve nacer, prosperar y coexistir diversos movimientos artísticos, a menudo contrapuestos.

En este contexto, Castro es una exponente fundamental del romanticismo tardío, aunque escribe en pleno auge del realismo. Alejada de la pomposidad y los lugares comunes con los que se suele asociar al romanticismo, tanto en su prosa como en su poesía, ensaya una nueva encarnación del movimiento, distanciada de la retórica y procurando alcanzar un intimismo lírico, ornado en su justa medida.

Tanto su obra en castellano como en gallego están imbuidas de un sentimiento nacionalista (de corte regional), que no olvida viejas afrentas ni termina de aceptar una modernidad que pone en jaque a los modos de vida ancestrales y amenaza a la propia geografía galaica. A este se suma la emigración, que la autora vive como drama y fuente inagotable de melancolía.

Con Gustavo Adolfo Bécquer, Rosalía de Castro es una pionera de la lírica moderna, al tiempo que sirve de puente con corrientes del romanticismo más ortodoxo, integrando con éxito la poesía popular (sin caer en el costumbrismo realista) y la "estética del sentimiento".

3) Biografía

Hija natural del sacerdote José Martínez Viojo y de la hidalga María Teresa de la Cruz Castro y Abadía, María Rosalía Rita de Castro nace en Santiago de Compostela el 23 de febrero de 1837.

Los primeros años de la pequeña Rosalía trascurren en casa de una tía paterna en la aldea de Castro de Ortoño (La Coruña), hasta que en torno al año 1850 pasa a vivir con su madre en Santiago de Compostela. En 1856 se muda a la casa de su pariente María Josefa Carmen García-Lugín y Castro, en Madrid, donde inicia su carrera literaria al publicar *La flor* (1857).

En 1858, Rosalía de Castro se casa con el escritor Manuel Murguía con quien tendrá siete hijos y que la animará a avanzar en la profesión literaria. Juntos, cambiarán de domicilio con frecuencia en los trece años que siguen, alternando sobre todo entre Madrid y diversos lugares de Galicia.

La salud de la escritora, de por sí delicada, se va deteriorando progresivamente. A partir de 1871, Rosalía no sale de Galicia; en 1875 se instala en Padrón, lugar en el que pasará sus últimos años, y desde donde escribirá *Follas novas* (1880) y *En las orillas del Sar* (1884).

Rosalía de Castro muere el 15 de julio de 1885, a los 48 años, a consecuencia de un cáncer de útero.

4) Legado literario

Escasamente valorada en vida, la obra de Rosalía de Castro comenzó a gozar de creciente reconocimiento tras la muerte de la autora. Con la llegada de la generación del 98, comenzó el proceso de valorización de la producción literaria de Castro, que pasó a ocupar un lugar destacado como precursora del modernismo.

Como tal, se reconoce su influencia en la obra de Azorín, Juan Ramón Jiménez y Miguel de Unamuno. En América, donde goza de gran reconocimiento, su influencia alcanza a Rubén Darío y Delmira Agustini.

5) Principales citas de esta obra

ORILLAS DEL SAR:

Puro el aire, la luz sonrosada,
¡qué despertar tan dichoso!
Yo veía entre nubes de incienso,
visiones con alas de oro
que llevaban la venda celeste
de la fe sobre sus ojos...

Ese sol es el mismo, mas ellas
no acuden a mi conjuro;
y a través del espacio y las nubes,
y del agua en los limbos confusos,
y del aire en la azul transparencia,
¡ay!, ya en vano las llamo y las busco.

Contenta el negro nido busca el ave agorera;
bien reposa la fiera en el antro escondido,
en su sepulcro el muerto, el triste en el olvido
y mi alma en su desierto.

II:

Era apacible el día
y templado el ambiente,
y llovía, llovía
callada y mansamente;
y mientras silenciosa
lloraba yo y gemía,
mi niño, tierna rosa,
durmiendo se moría.
Al huir de este mundo, ¡qué sosiego en su frente!
Al verle yo alejarse, ¡qué borrasca en la mía!

IV:

Arrodillada ante la tosca imagen,
mi espíritu, abismado en lo infinito,
impía acaso, interrogando al cielo
y al infierno a la vez, tiemblo y vacilo.
¿Qué somos? ¿Qué es la muerte? La campana
con sus ecos responde a mis gemidos
desde la altura, y sin esfuerzo el llanto
baña ardiente mi rostro enflaquecido.
¡Qué horrible sufrimiento! ¡Tú tan solo
lo puedes ver y comprender, Dios mío!

V:

No importa que los sueños sean mentira,
ya que al cabo es verdad
que es venturoso el que soñando muere,
infeliz el que vive sin soñar.

VI:

*Hermosas son las estaciones todas
para el mortal que en sí guarda la dicha;
mas para el alma desolada y huérfana
no hay estación risueña ni propicia.*

X:

*…mundos hay donde encuentran asilo
las almas que al peso
del mundo sucumben.*

XII:

*¡Y quién sabe también si tras de tantos
siglos de ansias y anhelos imposibles,
saciará al fin su sed el alma ardiente
donde beben su amor los serafines!*

LOS TRISTES:

*Cuando en la planta con afán cuidada
la fresca yema de un capullo asoma,
lentamente arrastrándose entre el césped,
le asalta el caracol y la devora.*

*Cuando de un alma atea,
en la profunda oscuridad medrosa
brilla un rayo de fe, viene la duda
y sobre él tiende su gigante sombra.*

LOS ROBLES:

*Árbol duro y altivo, que gustas
de escuchar el rumor del Océano
y gemir con la brisa marina
de la playa en el blanco desierto,
¡yo te amo!*

XVII:

*No lejos, en soto profundo de robles,
en donde el silencio sus alas extiende,
y da abrigo a los genios propicios,
a nuestras viviendas y asilos campestres,
siempre allí, cuando evoco mis sombras,
o las llamo, respóndenme y vienen.*

XXI:

*No subas tan alto, pensamiento loco,
que el que más alto sube más hondo cae,
ni puede el alma gozar del cielo
mientras que vive envuelta en la carne.*

*Por eso las grandes dichas de la tierra
tienen siempre por término grandes catástrofes.*

XXVI:

*De cuando en cuando de la lluvia el sordo
rumor suena, y el viento
al pasar por el bosque
silba o finge lamentos
tan extraños, tan hondos y dolientes
que parece que llaman por los muertos.*

XXX:

*Pasó, pasó el verano rápido, como pasa
un venturoso sueño del amor en la fiebre,
y ya secas las hojas en las ramas desnudas,
tiemblan descoloridas esperando la muerte.*

*¡Ah, cuando en esas noches tormentosas y largas
la luna brille a intervalos sobre la blanca nieve,
de cuántos, que dichosos ayer la contemplaron,
alumbrarán la tumba sus rayos transparentes!*

XXXII:

*En sus ojos rasgados y azules,
donde brilla el candor de los ángeles,
ver creía la sombra siniestra
de todos los males.*

XXXVI:

*Muda la luna y como siempre pálida,
mientras recorre la azulada esfera
seguida de su séquito
de nubes y de estrellas,
rencorosa despierta en mi memoria
yo no sé qué fantasmas y quimeras.*

LAS CANCIONES QUE OYÓ LA NIÑA:

*Con cerrojos cerraste la puerta,
pero yo penetré en tu aposento
a través de las gruesas paredes,
cual penetran los espectros;
porque no hay para el alma cerrojos,
ángel de mis pensamientos.*

XLI:

*No murmuréis del que rendido ya bajo el peso de la vida
quiere vivir y aun quiere amar;
la sed del beodo es insaciable, y la del alma lo es aún más.*

LII:

*Llora a mares por ellos,
les viste la mortaja
y les hace las honras…
después de que los mata.*

LIV:

—¡Curiosidad maldita!, frío aguijón que hieres
las femeninas almas, los varoniles pechos:
tu fuerza impele al hombre a que busque la hondura
del desencanto amargo y a que remueva el cieno
donde se forman siempre los miasmas infectos.

LV:

Cuido una planta bella
que ama y busca la sombra,
como la busca un alma
huérfana, triste, enamorada y sola.

SANTA ESCOLÁSTICA:

Sentí otra vez el fuego que ilumina y que crea
los secretos anhelos, los amores sin nombre,
que como al arpa eólica el viento, al alma arranca
sus notas más vibrantes, sus más dulces canciones.

LVIII:

Dicen que no hablan las plantas, ni las fuentes, ni los pájaros,
ni el onda con sus rumores, ni con su brillo los astros:
lo dicen, pero no es cierto, pues siempre cuando yo paso
de mí murmuran y exclaman:
—Ahí va la loca, soñando.

LXV:

Pensaban que estaba solo,
y no lo estuvo jamás
el forjador de fantasmas,
que ve siempre en lo real
lo falso, y en sus visiones
la imagen de la verdad.

LXXIV:

Alma que has despertado,
vuelve a quedar dormida;
no es que aparece el alba,
es que ya muere el día
y te envía en su rayo postrero
la postrimera caricia.

LXXVII:

"Los muertos van de prisa",
el poeta lo ha dicho;
van tan de prisa, que sus sombras pálidas
se pierden del olvido en los abismos
con mayor rapidez que la centella
se pierde en los espacios infinitos.

LXXIX:

En verano o en invierno, no lo dudes,
adulto, anciano o niño,
y hierba y flor, son víctimas eternas
de las amargas burlas del destino.
Sucumbe el joven, y encorvado, enfermo,
sobrevive el anciano; muere el rico
que ama la vida, y el mendigo hambriento
que ama la muerte es como eterno vivo.

XC:

Mas… ni aun la muerte complacerla quiso,
cruel también con ella;
perdonole la vida en el invierno
y cuando todo renacía en la tierra
la mató lentamente, entre los himnos
alegres de la hermosa primavera.

XCI:

Una cuerda tirante guarda mi seno
que al menor viento lanza siempre un gemido,
mas no repite nunca más que un sonido
monótono, vibrante, profundo y lleno.

XCVI:

...al ruido de la efímera victoria
se sucede el silencio
sepulcral del olvido, y juntos todos,
los grandes, los medianos, los pequeños,
cual en tumba común, perdidos quedan
sin que nadie se acuerde que existieron.

Índice

ORILLAS DEL SAR 7
II a X 13
MARGARITA 21
XII 25
LOS TRISTES 27
LOS ROBLES 31
XV a XXVII 35
¡VOLVED! 49
XXIX a XXXVIII 51
LAS CANCIONES QUE OYÓ LA NIÑA 57
LA CANCIÓN QUE OYÓ EN SUEÑOS EL VIEJO 59
XLI a L 61
LI a LVI 71
SANTA ESCOLÁSTICA 77
LVIII a LXIX 83
A LA LUNA 93
LXXI a LXXX 97
LAS CAMPANAS 105
LXXXII a XC 107
XCI a XCVIII... 113
NOTAS PARA LA EDICIÓN DE 2022 119